Rowohlt Verlag GmbH, Kirchenallee 19, 20099 Hamburg

Kontaktadresse nach EU-Produktsicherheitsverordnung:
produktsicherheit@rowohlt.de

Ulla Lachauer, geboren 1951 in Ahlen/Westfalen, lebt in Stuttgart. Sie arbeitet als freie Journalistin und Dokumentarfilmerin. Mit ihrem Buch «Paradiesstraße», der Lebensgeschichte einer ostpreußischen Bäuerin, wurde sie zur Bestsellerautorin.
Weitere Buchveröffentlichungen im Rowohlt Taschenbuch Verlag: «Die Brücke von Tilsit. Begegnungen mit Preußens Osten und Russlands Westen» (rororo 19967), «Ostpreußische Lebensläufe» (rororo 22681), «Ritas Leute. Eine deutsch-russische Familiengeschichte» (rororo 23527), «Als die Deutschen weg waren» (rororo 62204), «Der Akazienkavalier. Von Menschen und Gärten» (rororo 62352) sowie «Als der Osten noch Heimat war. Was vor der Vertreibung geschah!» (rororo 62547).
Im Rowohlt Verlag liegt außerdem vor: «Magdalenas Blau. Das Leben einer blinden Gärtnerin».

Ulla Lachauer

Paradiesstraße

Lebenserinnerungen der ostpreußischen Bäuerin Lena Grigoleit

Mit einem neuen Nachwort
und historischen Fotografien

Rowohlt Taschenbuch Verlag

Für Lena Grigoleits Urenkel
Eva und Kostas, Ieva und Rokas

7. Auflage Mai 2024

Erweiterte Neuausgabe
Veröffentlicht im Rowohlt Taschenbuch Verlag,
Reinbek bei Hamburg, Oktober 2007

Umschlaggestaltung any.way, Cathrin Günther
(Foto: Ulla Lachauer)
Kartographie Ditta Ahmadi, Berlin
Satz ITC Legacy, PostScript,
bei Pinkuin Satz und Datentechnik, Berlin
Printed in Germany
ISBN 978-3-499-24580-0

Inhalt

Paradiesstraße

Ich bin ein Glückskind. An einem Sonntag bin ich geboren, den 19. Juni 1910, morgens, gerade in die Sonne hinein. «Sonntagskinder sind Glückskinder», sagte meine Mutter. So dachte man bei uns, und so hab ich es mir immer eingebildet. Ich weiß nicht, was man als Glück betrachtet. Jedenfalls habe ich in all den Stürmen, dem Wirrwarr und was der Mensch durchzustehen hatte in meiner Heimat, immer noch Glück gehabt.

Mit dem Kopf zuerst bin ich auf der Welt angekommen. Ich war die zweite. Eine Schwester war vor mir da, aber die starb nach vierzehn Tagen. Dadurch war ich die Älteste. Zwei Jahre nach mir kam der Bruder Arthur, und später haben die Eltern noch einen Jungen aus der Verwandtschaft angenommen, den Walter.

Meine Mutter hat immer behauptet, daß ich ein schreckliches Kind war. Damals wurde für Kleinkinder Brei gekocht und in Mullwindeln eingewickelt. Die bekam man in den Mund gesteckt zum Lutschen. Ich hab sie immer ausgespuckt und gebrüllt. Das wollte ich nicht. Und die Gemüsesuppen, als ich größer war, schmeckten mir auch nicht. Sie ließen mich hungern, damit ich abends die Suppe aß. Ich hab sie nicht gegessen. Ich wollte das nicht, und fertig.

Der Bruder, der war gehorsam. «Arthurchen iß, Arthurchen leg dich hin.» Was Mutter ihm gab, was sie ihm sagte, er tat alles. Einmal, als er schon ein Schuljunge war, hatte er irgend etwas ausgefressen. Da befahl ihm die Mutter: «Geh, hol den Stock, damit werde ich dir zeigen, was es heißt, nicht zu gehorchen!» Das Arthurchen zog los, und die Mutter vergaß ihn. Sie hatte immer viel Arbeit. Halb zehn Uhr war Kleinmittag, um zwölf Mittag, halb vier schon wieder Kaffee, das ging am laufenden Band. Am Abend sah sie den

Arthur in der Stube stehen mit dem Stöckchen. Er hatte gewartet und gewartet, so war er.

Arthur war immer der Gute, ich war die Verrückte. Arthur saß auf dem Hof, weiß ich noch, und lauerte der Glucke auf. Hast du nicht gesehen, drehte er den Küken den Hals um. Er war drei, und ich war fünf. Ich wurde bestraft, ich hatte nicht gut aufgepaßt auf ihn. Für meine Prügel war der Vater zuständig. Der packte mich fest an den Haaren, und dann bekam ich eingeraucht ohne Pardon.

Meine erste Erinnerung ist, wie ich unter dem Küchentisch sitze und lausche, was die Großen erzählen. Wenn die Nachbarn kamen und es gab etwas Neues, dann versteckte ich mich immer in der Küche. Manchmal hat mich meine Mutter verwiesen. «Lena, das ist nichts für dich!» Das gefiel mir nicht. Warum mußten sie Geheimnisse vor mir haben?

Unser Dorf hieß damals Bittehnen und gehörte zu Ostpreußen. Es liegt an der Memel, einem großen Strom. Er fließt durch unsere Wiesen in einem schönen, sanften Bogen und kann sehr wild sein. Die Bitt, das Bächlein vor unserem Hause, mündet in ihn hinein. Ich habe mich oft gefragt, warum unsere Memel so wenig besungen wurde. Über den Rhein oder die Donau gibt es Lieder noch und noch. «An der schönen blauen Memel», das hätte auch gut geklungen. Das einzige, was die Dichter für uns geschaffen haben, ist «Von der Maas bis an die Memel». Und das ist kein Lied, sondern eine Hymne.

Politik müßte nicht sein, aber sie hat in meinem Leben eine wichtige Rolle gespielt. Ich erinnere mich gut, wie wir flüchten mußten. Ich war vier, mein Bruder war zwei. Der Vater war schon eingezogen, die Mama mit uns allein. Der Weltkrieg war ausgebrochen, der erste, und es hieß: «Die Russen kommen!» Alles rannte durcheinander. Unsere Mutter spannte den guten Wagen an; setzte uns Kinder hinein und unsere Pungel und brachte uns über die Memelbrücke nach Tilsit-Kalkappen, da lebten Verwandte. Sie lud uns bei ihnen ab, kehrte um und jagte nach Bittehnen zurück. Das Vieh mußte losgebunden werden. Sie wollte das Silber verstecken und die Schränke und Türen abschließen. Plötzlich, sie war schon fertig mit allem, fuhr schon über die Wiesen auf den Rombinus zu, da hörte sie: «Stawei! Stawei!» Vor ihr tauchten Gewehre auf und fremde Gesichter. Später hat sie uns alles erzählt, viele Male. Es dauerte vier Jahre, bis wir sie wiederhatten. Die Russen nahmen sie, ein paar andere Frauen und den Nachbarn Martin Jankus fest, sammelten Pferde und Wagen ein, und auf ging es nach Tauroggen, erst ins Gefängnis, und nachher wurden sie alle nach Rußland verfrachtet.

Arthur und ich blieben in Tilsit. Auch hierher kamen die Russen. Das Militär hielt die Stadt gefangen, allerdings nicht für sehr lange Zeit. Später, in der Schule, lernten wir, ein Hindenburg hätte bei Tannenberg die russischen Armeen zerschmettert. Meine Tante betonte immer wieder, daß sich die Russen im Grunde sehr anständig benahmen. Wenn die Deutschen zu ihnen «Guten Morgen» sagten, grüßten sie höflich zurück, wie richtige Herren. Die Zeit ging ohne Mord und Totschlag vorüber. Mein kleiner Bruder stand jeden Tag am Tor, und wenn er einen russischen Soldaten sah, schrie er ihm hinterher: «Sag, meine Mama soll nach Hause tommen!» Ich mußte ihn am Kragen packen, damit er nicht in den Straßengraben fiel.

Nachher haben die Verwandten meinen Vater angefordert. Er kam nach drei, vier Wochen und holte uns nach Hause. Mit ihm kam Mamas Mutter, sie führte die Wirtschaft bei uns, den ganzen Krieg über. Großmutter war eine starke Frau. Doch sie war krank, nach dem Essen hat sie immer erbrochen. Sie quälte sich jedes Mal schrecklich. Ich nutzte das aus, und sie schimpfte mich. «Du kannst nicht machen, was du willst, Lena!» Dann lief ich raus in den Garten, warf mich in die Büsche und schrie: «Wo bist du, Mama?» Damals dachte ich, Schreien hilft. Der Großmutter tat das Herz weh, aber sie mußte doch sehen, daß es ordentlich zuging im Haus.

An den ersten Schultag muß ich mich oft besinnen. Vater brachte mich, es war ja nicht weit. Er hatte so einen schnellen Gang. Mit großen Schritten stiefelte er vorneweg, und ich trippelte hinterher. Schiefertafel unterm Arm, Schwamm und Kissen hingen bis an die Erde. Sie flimmerten immer so vor meinen Augen, daß ich lachen mußte. Den ersten Tag saß ich ganz still und steif, guckte starr auf die Wandtafel, wo der Lehrer ging. Am anderen Tag war es schon ein bißchen leichter, und nachher war es schon gut. Ich war eine Schülerin, und fertig. Zu Hause setzte ich mich immer in die Schaukel und übte Singen. «Kuckuck, Kuckuck, ruft's aus dem Wald.» Auch das Zählen machte sich gut auf dem Brett, eins und zwei und hin und her, rauf und runter bis sechs oder zwanzig und zurück.

Wir bekamen Post von unserer Mutter, daß sie noch am Leben ist. In einem Krankenhaus bei Saratow hat sie gearbeitet. Sie schrieb von den Verwundeten und den Sterbenden. Vielen hat sie die Augen zugedrückt. Es gibt noch ein Bild von ihr in der Krankenschwesterntracht. Später hat sie auf einem Gut gelebt, als Helferin des Verwalters. Sie hat sich dort vieles abgeguckt in der Welt.

Wir hatten ein Mädchen aus dem westlichen Ostpreußen, die dicke Berta. Die trug immer Hosen und hatte ein Kindergemüt. Mit ihr hatte ich vereinbart, wir wollten eine Girlande binden: «Herzlich willkommen!» Aber der Tag, auf den wir warteten, kam zu überraschend. Pfingsten war, und wie jeden Sonntag war ich ins Dorf gerannt. Jemand rief: «Lauf nach Hause, deine Mutter ist wieder da.» Ich rannte wie der

Blitz. Rannte und stand in der Tür und habe sie nicht erkannt. Sie hatte so ein schönes Kostüm an, dunkelblau oder mittelblau, und sprach mit der Großmutter. Dann bin ich widerstrebend hingegangen. Irgend etwas war nicht richtig, das stimmte mir nicht. Ich stand da wie ein Stock. Mein Bruder, der glaubte gleich, obwohl er sich gar nicht an sie erinnern konnte.

Mutter hatte aus Rußland die Liebe zum Kaffee mitgebracht. Vater verabscheute ihn, er mochte nur den von Zichorien. Einmal die Woche lud «die Fremde», so sagte ich zuerst immer, zum Kartenspielen ein. Dann kamen die Lehrersdamen und andere, alle wollten von den russischen Abenteuern hören. Auch wir Kinder fanden das interessant. Für uns begann nun ein anderes Leben. Mutter brachte einen neuen Zug in die Wirtschaft. Es ging energischer zu und lustiger.

Unser Hof steht am Anfang eines kurzen Feldweges. Dann kam Kellotats Hof und ein Stückchen weiter Ballnus' Hof. Christoph Ballnus prahlte immer mit seinem Herdbuchvieh, sein Besitz war einer der größten im Dorf. Unser Vater war stolz auf seine Trakehner. Mit unseren hundert Morgen Ackerland und Wiese waren wir Mittelbauern. Der kleinste Hof war Kellotat, aber er war mir der liebste. Darin lebten drei Mädchen und zwei Jungen, die ganze Kindheit und Jugend haben wir zusammen verbracht. Weil ich keine Schwester hatte, beneidete ich das «Dreimädelhaus».

Kellotats Älteste hieß Lydia, ein hübsches zartes Ding mit schwarzbraunen Zöpfen. Sie hat einmal behauptet, sie wäre die Schönste und Klügste von uns vieren. Wir waren beleidigt, obwohl es wahrscheinlich stimmte. Else, die Mittlere, trug die Haare wie Schnecken um die Ohren und war ein richtiges Hausmütterchen. Luise, genannt Liesi, hatte einen blonden Lockenkopf. Weil sie auf einem Schulbilde mit geschlossenen Augen stand, nannte meine Mutter sie immer «das blinde Engelchen». Irgendwie paßte das zu der schüchternen Liesi. Alle waren wir uns gut. Die Kellotat-Mädchen spielten Harmonium, ich Geige. Wir musizierten und sangen immerzu, wenn wir Zeit hatten. Deshalb bekam unser Weg im Dorf den schönen Namen «Paradiesstraße».

Unsere Mutter liebte Kinder, es konnten gar nicht genug um sie herum sein. Ständig und überall hatte sie Bonbons parat oder Kuchen. Vater war anders, er wollte Ordnung auf dem Hof. Wenn die Jungen nur Ästchen schmissen oder Steinchen auf den geharkten Boden, wurde er wild. Das war ihm nicht gut. Die kleinen Löcher, die wir für die Murmeln aushoben, waren ihm schlimmer als die Maulwurfshügel.

Am Samstag wurde immer geharkt und manchmal auch gefegt. Gestern, wie ich durch die Paradiesstraße ging, dachte ich, wie viele Wochen wohl schon vergangen sind seit damals, als die Liesi und ich hier mit unseren Besen gewirkt haben. Das kann kein Mensch mehr berechnen. «Heute ist die Paradiesstraße wie ein Pfad im Urwald», habe ich der Liesi neulich geschrieben. Jeden Tag führe ich meine Kuh, die Rose, zum Weiden auf dem Ballnus seine Wiese. Vorbei an Kellotats ehemaligem Hauseingang, wo nur noch Brennesseln stehen. Man sollte sie umhacken, denke ich. Sie ersticken den Birnbaum, er trägt schon nicht. Wie oft ich das schon gedacht habe? Früher hatte er so kleine gelbe Birnen, die schickte Frau Kellotat immer in einer Wanne meiner Mutter zum Geschenk. Ich erinnere mich noch an alles, wie es war. Wo der Schweinestall gestanden hat, wo die Sommerstube fürs Gesinde, die eiserne Pumpe, alles. Ballnus hatten ihre Küche nach vorne raus, da hörten wir immer das Geschirr klappern. Bloß das Hoftor haben sie gelassen, weil der Sowchos dahinten sein Vieh hatte und es gerne abschließen wollte. Sonst ist alles zertrümmert, alles abgerebbelt. Mehr als die Hälfte der Bittehner Höfe sind praktisch weg. Daß da einmal Menschen waren, weiß man nur noch von dem Fliederbusch. Der ist meistens noch da, jede Familie pflanzte sich damals einen vors Fenster.

Die Bittehner sind verstreut in alle Winde. Viele sind im Westen, vor allem in Deutschland. Kosgalwies' Else, die den Adomat geheiratet hat, wohnt in Florida. Fritz Bussmann soll in Afrika sein. Der Gerolis meldete sich neulich aus Braunschweig. Seitdem die Post hin- und hergeschickt werden darf, weiß ich ungefähr, wer von den Bittehnern noch am Leben ist. Von der Paradiesstraße ist sonst nur die Liesi geblieben. Sie lebt in der Pfalz, in einem Städtchen, das heißt Frankenthal. Sie schreibt immer, sie muß heulen, wenn sie meine Briefe liest: «Wenn Dein Brief ankommt, lebt die Heimat wieder auf. Da möchte ich sofort nach Hause laufen.» Das verstehe ich. Sie weiß doch dieselben Wege und Stege, was wir für Dummheiten gemacht haben, wie wir gut getan haben und wo wir schlecht waren, alles. Wäre die Freiheit in Litauen früher gekommen, die Liesi hätte sich sofort in die Eisenbahn gesetzt und wäre hergefahren. Nun hat sie keine Energie mehr. Im letzten Osterbrief schrieb ich ihr: «Liesi, mach mir nicht den Ärger, daß Du früher gehst als ich. Du bist die Jüngere von uns beiden!»

Ich bin zu Hause. Ich bin die einzige Bittehnerin, die noch zu Hause ist.

Deutsch und litauisch

Wir waren «preußische Litauer», so nannte man das damals, wie ich klein war. Mit vier Jahren konnte ich perfekt Deutsch und Litauisch. Wir sprachen mal so, mal so. Die Eltern redeten uns mehr auf deutsch an, die Großeltern mehr auf litauisch. Mit dem Gesinde ging es auf litauisch, die Kasuhne und der Vytas und wie sie alle hießen verstanden meistens nichts anderes. Wieder andere Menschen im Memellande konnten nur Deutsch. Wenn die auf den Hof kamen, fielen uns gleich die deutschen Worte auf die Zunge. Manchmal konntest du an der Sprache erkennen, in welchem Zustand einer war. Wenn der Karl von nebenan litauisch sang, war er bestimmt besoffen. Nüchtern sprach er immer deutsch. Beten wiederum mochte er lieber auf litauisch.

Oder der alte Burblies, der Schneider, wo im Winter immer zum Nähen kam, solche wie er liebten das Platt. Diese Mundart war nicht so besonders gut angesehen, jedoch konnten wir natürlich ebenfalls Brocken davon. Und es wäre unehrerbietig gewesen, wenn wir nicht auch mit «Daaach» gegrüßt hätten. Abends, am großen Tisch, wenn Alte und Junge bei uns zusammensaßen, war es am gemütlichsten, wenn alle sich auf litauisch unterhielten. Das war so gang und gäbe. Das war ganz leicht, die Sprache hat die Menschen nicht auseinandergebracht damals.

Mein Großvater hat seine letzten Worte auf litauisch gesagt. Später glaubte ich, das hat eine Bedeutung gehabt für mein Leben. Da neigte sich zum ersten Mal die Waage in eine bestimmte Richtung. Ich war zwölf. Meine Mutter hatte mich an sein Bett geschickt, damit ich aufpaßte, ob er etwas trinken will. Niemand sonst war da, und er bat mich, niederzuknien an seinem Bett. Er hat mich gesegnet, ich weiß noch die litauischen Worte. Obwohl Großvater gut deutsch sprach, aber Litauisch lag ihm mehr am Herzen. «Lena», hat er mich ermahnt, «lebe so, daß du niemals ein Ärgernis wirst für deine Mitmenschen und daß du keine Schande bringst über die Familie.» Kurz darauf starb er. Sein Segen ist auf mir geblieben.

Mein Vater hieß eigentlich Jurgis. In seinem Paß zu der Kaiserzeit mußte er Georg sein. Das Deutsche war besonders im offiziellen Umgang gefragt. In der Schule wurden wir auf deutsch erzogen. Das hatte der Kaiser so gewollt. Leider ging er uns bald verloren. Aber wie ich ein Kind war, gehörten wir zu ihm und zum Reich. Sein Bild hing bei uns in der guten Stube. Natürlich waren wir kaisertreu, alle waren kaisertreu. Wen anderes gab es ja nicht. Zu jener Zeit figurierte der Kaiser ganz alleine. Man sagte, er hätte seine preußischen Litauer besonders lieb. Unter ihnen suchte er sich immer die längsten Kerls aus für seine Garde. Aber die wollten nicht, die versteckten sich nachts auf den Bäumen, wenn man sie holen wollte. An Kaisers Geburtstag, am 27. Januar, hab ich mir immer Locken gemacht. Beim Fest in der Schule trugen wir Mädchen die Haare offen, mit langen Bändern. Jedes Jahr nähte uns Mama neue Kleider zu diesem Anlaß. «Ich hab mich ergeben mit Herz und mit Hand, will Vaterland dir bleiben auf ewig fest und treu», haben wir geschmettert. Danach ging es zur Nachfeier zu Luise Schlegelberger, die oben auf dem Rombinus wohnte und auch Geburtstag hatte.

Wenn der Kaiser gewußt hätte, wie es normalerweise in unserer Schule zuging, er hätte sich sehr gewundert! Die Schule war voll, ein Raum nur war für zwei Klassen. Wir fingen an in der zweiten. Jede Klasse hatte drei Abteilungen, das heißt, nach drei Jahren wurde man in die erste Klasse versetzt und mußte wieder drei Abteilungen durchlaufen. Bis der junge Hilfslehrer kam, unterwies uns Lehrer Aschmoneit ganz alleine. Er war schon ein alter Mann. Wie haben wir ihn gequält! Was haben wir alles gemacht! Schönschrift zum Beispiel, wir sollten also schreiben. Unser Lehrer spazierte immer den Gang auf und ab. Und wir knallten immer mit der Zunge. Er dachte, wir hauen mit der Feder im Tintenfaß herum. «Das sollt ihr nicht tun. Ihr macht die Federn kaputt», schrie er und rannte hin und her. Wenn er vorne war, knallten wir hinten. War er hinten, knallten wir vorne. Oder wenn Singen war, dann spielte er Geige. Er spielte so innig die Lieder, mit geschlossenen Augen. Dann schmissen wir mit Papierkügelchen nach ihm. Manchmal hielt er das nicht mehr aus, nahm seinen Schal und lief nach Hause zu seinen Töchtern. Meistens kam er sehr bald zurück. Die Töchter rannten hinterher, bis in die Klasse, und bettelten: «Väterchen, komm nach Hause. Laß sie in Ruh. Du wirst uns noch krank werden.»

Die Lehrersdamen haben sich bei meiner Mutter beklagt über mich, und ich habe mich geschämt. Aber was machst du unter all den Kindern? Keiner weiß davon, daß ich mich bessern will und wie mir zumute ist. Sie tollen und machen alles weiter, und ich muß sitzen wie ein Denkmal. Das geht doch nicht.

Schließlich sagte der alte Lehrer zu meiner Mutter: «Nimm die Lena aus der Schule raus, steck sie irgendwo rein. Sie ist gut, sie ist hell. Aber sie ist auch im Ungezogensein hell. Sie muß doch lernen.»

Zu der Zeit suchte der Förster für seine Töchter eine Gouvernante. Und damit es billiger kam, brauchten sie noch andere Schüler. Das hörte Mama, sie hat mich gleich angemeldet. Mir gefiel es dort sehr. Das Fräulein Schumann war nett, und wir waren nur zu fünft. Die beiden Förstertöchter, dann die schwerhörige Christel Wassermann, die Tochter vom Inspektor, ich und die jüngste Tochter vom Jankus. Urte Jankus und ich mußten jeden Tag von Bittehnen die drei Kilometer bis zum Schreitlaugker Walde gehen. Das war uns nichts. Auf dem Wege lernten wir schon Vokabeln. In dreiundzwanzig Stunden habe ich ein Jahr Französisch nachgeholt. Französisch war damals große Mode, denn wir hatten doch die

Franzosen bei uns an der Memel. Nach dem verlorenen Krieg paßten die hier auf, daß Ordnung war. «Territoire de Memel» stand auf den Briefmarken, und ich konnte das lesen!

Besonders die mittelalterliche Geschichte, davon konnte ich gar nicht genug kriegen, von dem Olymp und dem Zeus und allem. Das ganze Gymnasialprogramm nahm das Fräulein mit uns durch. Zur Prüfung mußten wir jedes Jahr nach Tilsit vor eine Kommission. Ich bin zum Privatunterricht gegangen bis zum Anschluß, als das Memelgebiet zu Litauen kam. Also 1923, dann zogen die Försters raus, sie optierten für Deutschland und nahmen die Lehrerin mit. Mama wollte mich nach Tilsit zur Schule schicken. Aber die Eltern hatten mit dem Bauen angefangen, und es war so eine unruhige Zeit. Die Bermontininkai machten immer noch die Gegend unsicher. Ich hätte in Pension gehen müssen zu fremden Leuten. Das hätte viel Geld gekostet. Und ich hätte ständig wechseln müssen von einem Land ins andere. Ostpreußen war geteilt, direkt durch den Strom hatten sie die Linie gezogen. Tilsit war jetzt Deutschland, und vielleicht, dachten wir, würde eines Tages die Grenze gesperrt werden. Eigentlich sollte ich nach Mutters Wunsch Ärztin werden. «Nein», sagte sie schließlich, «ich sorg mich um dich. Du bist allein in der Stadt und bist so wild.»

Ich war traurig. Der Bau begann, und es war Arbeit bis über beide Ohren. Vater bemühte sich um Holz und Ziegel. Erst kam der große Stall, dann wurde das Wohnhaus erneuert. Das hölzerne Haus, in dem ich geboren wurde, haben sie abgerissen. Es mußte eines aus Stein sein. Meine Mutter, die kam aus dem Dorfe Größpelken. Von daher, aus ihrem Elterlichen, kam wohl die Energie für das alles. Sie wollte immer große Räume haben, sie war sehr schönheitsliebend. Alles Geld ging ins Bauen. Das große Unternehmen hat ein paar Jahre gedauert, bis 1929 ungefähr. Am Wochenende packten die Nachbarn mit zu, «talka» nannten wir das. «Kommst du morgen bei mir in talka?» fragte der Vater herum.

Von der Familie mußten alle helfen, auch Arthur und Walter. Ich weiß noch, wie ich dem Arthur die Dachziegel hochgereicht habe. Er saß oben auf dem First, ich band unten die Ziegel zusammen mit einem Strick. Ab juchhe mit der Fuhre, und ich guckte noch, ob sie heil oben ankam. Ich war doch ein Mädchen!

Meine Mutter hat immer, wenn etwas war zum Lernen, geguckt, daß ich wegkam: «Mach schnell heute. Heute ist in Lompönen ein Servierkurs. Da gehst du hin.» Dort kamen all die Töchter zusammen von den Gutsbesitzern der Umgegend. Oder man konnte sich im alkoholfreien Speisehaus anmelden als Hilfsmamsell und wurde angelernt im Kochen und Braten. «Mach das, sieh zu», drängte Mama. Der Vater wollte mich nicht lassen. «Schon wieder ist sie nicht da. Schon wieder treibt sie sich herum.» Wenn ich so nachdenke, bin ich meiner Mutter sehr dankbar, daß sie mich so gefördert hat. Vater sagte oft zu ihr: «Unsere Lene niekam netinka (Unsere Lene taugt nichts)», und sie widersprach jedesmal.

«Rumtreiberin!» Vaters Wort ist mir noch im Ohr. Ich wollte immer schwärmen, was ergründen. Was weiß ich, dann kriegte ich zum Beispiel den Auftrag, am Ende des Dorfes Perlhuhneier zu holen. Wie kannst du da schnell nach Hause kommen? Bei der Trude Batschkus mußtest du stehenbleiben, dann wieder bei Fabians, die hatten so schöne Dahlien und Sträucher. Alles interessierte mich, alles war mir schön. Auch nachts konntest du mich schicken, wohin du wolltest. Ich hatte keine Angst, im Dunkeln zu gehen. Abends, im Frühjahr, wenn schon März war oder April, bin ich immer rausgelaufen auf die Paradiesstraße und ließ mich vom Wind anpusten. «Das ist Rumtreiben», sagte Vater, «das darf nicht sein.»

Am Strom war es schön

Mit vierzehn wurden wir eingesegnet. In meinem Jahrgang waren fünf Mädchen und drei Jungen. Jede Woche fuhren wir nach Ragnit zum Konfirmationsunterricht. Das ging los im März, wenn die Memel schon eisfrei war. Alle Mann hoch in einem Kahn, stromauf gerudert, und noch ein Stück zu Fuß über die Wiesen. Kontrollen waren an diesem Abschnitt keine. Wir merkten gar nicht, daß wir die Grenze nach Deutschland überquerten. Mein Vater wurde in Ragnit noch litauisch konfirmiert. Zu meiner Zeit waren da nur deutsche Pfarrer. Im Herbst fand die Einsegnung statt, ich war also erwachsen. Am Ausgang der Kirche hat sich der Pfarrer noch von uns verabschiedet. Er sagte, das soll kein Abschied für immer sein, sondern er möchte uns öfter sehen hier. Wir sind auch gefahren, wenn Erntedankfest war oder zu Pfingsten. Dann mußte der Vater den guten Wagen rausholen und den roten Plüsch bürsten am Sonntag. Er wollte diese Mehrarbeit nicht. Aber wir ließen ihm keine Ruhe.

Ein Bauernleben ist viel Arbeit. Ich muß sagen, ich scheue die Arbeit nicht. Mein Liebstes war, wenn ich vom Felde wegkommen konnte. Von klein auf wollte ich immer schnell nach Hause laufen. Schnell, nur schnell die Brote für Kleinmittag oder die Vesper hintragen und heimwärts. Im Garten die Wege harken, den Hof fegen, die Fenster putzen, das machte ich mit Freude. Auch im Stall, den Dung rauswerfen, das war mir nichts. Darüber wurde nicht geredet, das mußte gemacht werden. Alle vierzehn Tage hieß es Brot backen. Der Trog war so groß, daß du um ihn herumrennen mußtest. Meistens half das Mädchen mit, manchmal auch der Vater. Einer knetete von dieser Seite, der andere von jener. Einen Zentner Mehl durchwalken, das ergibt eine Menge Laibe. Wenn der Sommer verregnet war, verkeimte der Roggen, dann klitschte der Teig. Alles fiel zusammen, da war nichts zu machen.

Das Schlimmste war, wenn mir bei der Arbeit ein Buch in die Hände fiel. Der Teig ruhte, die Zentrifuge stand für einen Moment, und plötzlich lag es vor meiner Nase. Ich las alles: Grimms und Andersens Märchen, «Onkel Toms Hütte», «Friedel findet eine Heimat». Wenn ich mit dem Mädchen auf den Boden ging, Wäsche recken und rollen, hab ich immer so jongliert. Sie rollte, ich las eine Zeile, dann reckten wir wieder, sie rollte, und ich las die nächste Zeile. Schön war auch, wenn die Wäsche auf der Bleiche lag am Brunnen auf der Wiese. Ich durfte Wache halten und bis Mitternacht aufbleiben. Die Sommer waren hell, und da hockte ich mäuschenstill hinter einem Heuhaufen und wartete auf die Diebe – und las. So ist das bei mir, auch heute noch. Wo ich geh und steh, schlepp ich ein Buch mit. Jetzt lese ich gerade den Cervantes, «Don Quichote», den hat mir die Erna aus Deutschland geschickt. Dieser Ritter mit seiner Rosinante, zum Lachen! Er ist gerecht, das muß ich anerkennen, und er hat Phantasie, aber zuviel. Der Sancho ist mehr nach meinem Geschmack.

Die Roggenernte war die schwerste Zeit im Jahr. Ich mußte immer binden gehen hinter einer Sense. Als junger Mensch will man doch nicht zurückbleiben. Nachher heißt es im Dorf: «Die ist nicht tüchtig.» Der Schweiß rinnt, alles klebt, das Tuch rutscht. Damals war die dumme Mode, daß man nicht abbrennen durfte. Wenn du braun wirst, dann sieht gleich ein jeder von weitem: «Das ist ein Arbeitsmensch!» Also haben wir Weidenruten abgeschnitten von der Bitt und gebogen und das Tuch darübergespannt. Das Gesicht blieb im Schatten, aber eine Hitze war das! Lange Röcke, lange Ärmel, wir waren vermummt bis zum Gehtnichtmehr. Überall schmerzte es. Alle waren müde und mürrisch. Besonders der Kutscher und das Mädchen. Wenn die nachts geschlafen hätten, wäre das nicht so schlimm gewesen. Aber der Kutscher hatte da im Dorf eine Paninka und verbrachte die Nacht dort. Das Mädchen fand meistens auch irgendeinen zum Poussieren. Wenn die Saisonarbeiter bei uns waren, war so allerhand los. Und morgens, wenn die Arbeit einsetzte, waren sie alle mit Mostrich nicht zu genießen. Dann sagte der Kutscher immer zu unserer Mutter: «Ja, ja, die Roggenernte ist die schwerste Zeit, Madamche.»

Die Kräfte, die die Bauern zur Ernte anstellten, und auch das Gesinde kamen meistens aus Großlitauen, aus der Szameitia. Sie waren katholisch, und sie waren irgendwie fröhlicher als die preußischen Litauer. Einmal hatten wir so eine Kasuhne. Das war ein hübsches, arbeitsames, gutes Mädchen. Sie hatte eine schöne Stimme. Wenn sie sang, war es so, als wenn eine Flöte spielt. «Sing, Kasuhne, sing was!» riefen wir immer. Dann sang sie. Nach einem Sommer konnte ich die Lieder auch. Im Herbst kam die Nachbarin und flüsterte meiner Mutter zu: «Sieh nur, mit deiner Kasuhne ist etwas nicht richtig.» Wenig später bemerkte ich es auch. Es hatte geregnet, und wir gingen zusammen zum Roßgarten. Sie stapfte barfuß, immer durch den Dreck. Warum geht sie barfuß? Es ist doch kalt. Wo hat sie ihre Schlorren gelassen? dachte ich. Später verstand ich, sie wollte sich erkälten, daß das Kind auf gute Art und Weise weggeht. Ihr Freund war beim Militär eingezogen, und der schrieb nicht. Sie hatte großes Herzeleid und versuchte mich immer zu warnen. «Lena, trau keinem Mann! Hör nicht, was sie dir sagen. Das ist nicht wahr, das ist alles Dummheit.»

Die Kasuhne hat mich unterrichtet über die Liebe. Sie war so verliebt gewesen. Sonntags in Pogegen beim katholischen Gottesdienst hatte sie diesen Jungen getroffen. Sonntags drauf wollte sie wieder hin. Sie hatte nicht frei, so hab ich sie beim Melken und Füttern vertreten. Nach dem dritten oder vierten Mal kam sie zurück und meinte: «No, der ist nicht so. Ich hab in ihm was anderes gesehen.» Er hatte der Kasuhne Bonbons gekauft, der Arme, und als er sie ihr schenkte, war die Tüte feucht geworden. Das hatte ihr nicht gefallen, das erschien ihr nicht fein. Seitdem ging sie nicht mehr zur Kirche. Aber es war schon zu spät für den Entschluß: Im Januar kam der Vytas auf die Welt. Mutter schickte mich nach der Hebamme. Es war bitter kalt, fast wäre ich im Schnee verlorengegangen.

Im Sommer mußte man jeden Abend baden gehen. Nach dem Abendbrot rannten alle zur Memel. Die Mädchen badeten hier, die Jungen dort. Mama hat immer auf der Treppe gesessen und gewartet, bis alle nach Hause kamen. Es war kein Sommer, ohne daß jemand ertrank. Plötzlich hörtest du ein Geschrei. Dann hieß es, die Herta oder der Friedloff ist ertrunken. Immer in der heißen Jahrzeit, im Juli, August, holte die Memel ihre Opfer.

Eines Tages sagte unser Johann, der bei Vater in Diensten stand: «Wieder ein Tag näher zum Tod.» Es war während der Roggenernte, und ein paar Stunden später ertrank er. Ich weiß noch, er badete in langen Hosen, er besaß keine Badehose. Viele Bittehner waren um ihn herum, und keiner bemerkte seine Not. Erst als er beim Ankleiden fehlte, ertönte der Schrei. Man hat ihn rausgefischt und bis zur Beerdigung in unseren Keller gesteckt. Das dauerte. Die Eltern kamen nicht so schnell, einer vom Amt mußte schauen, ob der Tod nicht verdächtig war. Da ist die Leiche schwarz geworden. Sie hatte Wasser in sich und verweste rasch. Der Pfarrer hatte keine Zeit zu kommen, deshalb hielt der Hilfslehrer die Leichenpredigt. «Habt ihr nicht einen Schnaps?» fragte er. «Ich kippe gleich aus von dem Gestank.» Beinahe wäre der Johann noch auseinandergefallen.

Ich war kein Held im Schwimmen. Heute, wenn die Enkel zur Memel laufen, bin ich wie gelähmt, bis sie wieder am Hoftor auftauchen. Den letzten Sommer bin ich fast umgekommen vor Angst. Ich sehe noch Kellotats Frieda im Sarg. Man sagt, sie stieg in Bittehnen auf den Dampfer und wurde in Krakonischken rausgelassen auf einen Kahn. Da passierte es: Sie fiel und ertrank. Von da an wandten sich die Eltern dem Glauben und Gott zu. Jeden Samstag war Versammlung bei Kellotat. Da kam ein Prediger aus Tauroggen, und dann wurde gesungen stundenlang und gesprochen über ein Leitwort aus der Bibel. Auch wir gingen meistens hin, das war schön. Sonntagskleider, Musik, und der Max, Kellotats Jüngster, wußte immer etwas Neues. Der liebte zu klatschen, wie ein Mädchen so neugierig war der.

Im Dorf hat jede Familie ihre Geschichte, die, ob man will oder nicht, einmal ans Tageslicht kommt. Zum Beispiel Gutsbesitzer Merkel, der war berühmt mit seinen Schecken und sprengte immer um die Ecke mit Karacho. Wenn der besoffen war, randalierte er und stellte allerhand an. Die Lisbeth, seine Tochter, sagte immer: «Alle guten Menschen sterben, bloß mein Vater nicht.» Das war eine Plage, was haben wir darüber gelacht! Auch der Schuster war ein solcher, wo das Dorf von sprach. Jedesmal wenn er zurückkam von einer Sauftour, ließ er seine Frau durch die Stube marschieren. Linksherum, rechtsherum, auf sein Kommando. Er war im ersten Krieg Gefreiter gewesen, das saß ihm in den Knochen. Dann hingen die Nachbarjungen am Fenster und haben sich amüsiert.

Mein Vater trank auch gerne einen. «Geht den Vater holen. Er sitzt schon lang genug», sagte die Mutter. Arthur oder ich rannten dann zur Wirtschaft und baten: «Komm nach Hause.» Bei mir folgte er gleich, bei Arthurchen nicht. Mit ihm saß er noch ein bißchen wie unter Männern. Wir

Grigoleits waren Weltmenschen und den Genüssen des Lebens nicht abhold. Bis zu einem gewissen Grade durfte der Mensch bei uns über die Stränge schlagen. Vater Kellotat dagegen, unser Nachbar, erlaubte seinen Töchtern nicht einmal, tanzen zu gehen. Das war Sünde. Die Lydia lief manchmal doch, die brach manchmal aus. Die Else und die Liesi gingen nicht. Die wurden von klein an fromm aufgezogen und blieben dem treu. Unserer Freundschaft tat das keinen Abbruch. Heute schreibt die Liesi oft: «Ich gehe ins Gemeindehaus.» Und ich schreibe zurück: «Geh nur. Geh, wenn es Dir guttut.»

Der Gerhard von Fabians hat immer alles auskundschaftet, der war, wie man sagt, «Deiwels Zutreiber». Wo ist was los? Was bietet man uns, im Nachbardorf oder auf deutscher Seite? Bis Kaunas und zur Kurischen Nehrung sind wir gelangt. Einmal sind wir nach Obereisseln zur Sedanfeier. Wir fuhren mit Juchhu auf dem Kahn nach Ragnit, verwahrten unsere Ruder im Strauch und spazierten dann vier Kilometer an der Memel entlang. Die Daubas hieß das. Das war ein Gang wie ein Dom, die ganze Strecke unter Lindenbäumen. Meine Cousinen aus Jonienen waren auch dabei, die wo jetzt in Hamburg sind. Es wurde spät, und wir dachten, wir werden uns in den Kahn setzen, das ging doch stromab, und in einer halben Stunde sind wir zu Hause. Nichts war, einer hatte die Ruder gestohlen. Dann haben wir lange Äste gesucht. Es war schön still und mondhell. Einer mußte immer steuern, daß wir nicht abdrifteten. Wir kamen gut an ohne Ruder, nur spät. Der Gerhard Fabian hat mich gerettet, er hat mich beim Vater in Schutz genommen.

Die Fabians waren die einzige jüdische Familie im Dorf. Sie führten den Laden und das Gasthaus an der Memel. Drei Mädchen waren, die Selma, die Edith und noch eine, und fünf Jungen, scheint mir, sind gewesen. Der Gerhard war mir der Liebste von allen. Häßlich war er zum Weglaufen. Aber er hatte so ein Wesen, daß er alle unter sich kriegte. Er war freundlich, er war hilfsbereit. Er konnte lustig sein, er konnte mit dir weinen, wenn du weintest. Er konnte mit dir lachen. Er konnte dich trösten. Jedem verstand er nach seiner Nase zu reden. Mit manchen war er ernst, mit manchen konnte er schweinigeln, wenn es ihm gefiel. Einmal sagte er zu mir: «Sieh mal, wir wollen alle immer so viel haben und schön leben und reich sein. Aber weißt du, du mußt nicht immer gucken nach denen, wo mehr haben als du, mußt gucken nach denen, die weniger haben. Dann wirst du zufrieden sein.» So eine Weisheit hat er mir beigebracht.

Gearbeitet haben wir! Das war immer an erster Stelle bei uns. Wochentags dachte ich immer: Sei still, klage nicht, der Sonntag kommt. Ich leg mich lang und rühre mich nicht von der Stelle. Samstags schon hatte ich im Kopf: Was machst du, wenn frei ist? Sonntags zogen wir meistens zum Rombinus, da war beim Wollberg Tanz. Manchmal fand sich ein Verehrer, der mir zusagte. Fremde waren und Hiesige, das war nicht ohne. Meine Töchter sagen immer, wenn ich davon erzähle: «Siehst du, Mama, du hast deine Jugend durchgetanzt. Und was haben wir gehabt?» Das haben meine Kinder nicht erlebt. Das war alles wie ausgeblasen nach dem Krieg und alldem.

Unser Rombinus

Wenn das Johannisfest kam, eine Woche vordem waren wir schon alle krank vor Aufregung. Daß wir bloß wegkommen! Jeder wollte so schnell wie möglich zum Rombinus.

Menschenskinder, da kamen Gäste von weit und überall. Im Dorf war Hochbetrieb, unser Hof stand voller Fuhrwerke. Manche waren Bekannte oder Verwandte wie die Tante Auguste, die Schwester meiner Mutter mit ihren Kindern. Die liebte ich nicht. Du mußtest Essen auftragen und Bier holen, und du kamst nicht weg. Die Mädchen, die Kasuhne oder Oljane, die verschwanden einfach am Freitagabend und tauchten erst Montag morgens wieder auf. Und ich hatte den ganzen Betrieb am Halse. Bloß schnell zum Melken und weg. Aber wenn die Milch geschleudert war, stand schon wieder das viele Geschirr da von der lieben Verwandtschaft. Die Freundinnen warteten: «Komm, komm», bevor noch mehr Besuch kommt, rauf auf den Rombinus.

Die Menschen rasten hin und her. Einer ging hoch, andere kamen schon zurück, manche machten sich schon zum zweiten Mal auf den Weg. Oben hatten unsere Gastwirte ihre Verkaufsbuden aufgemacht, Fabian, Wollberg, Kosgalwies, auch die Lompöner standen mit Bonbons, Bier, Schnaps und Gebäck. Musikorchester spielten, das eine kam von Tauroggen, das andere von ichweißnichtwo. Vorne spielte eines, und wenn das zu Ende war, fingen die anderen an. Alles war immer voll Musik! Trachten waren, viele schöne Trachten, daß man sich gar nicht satt sehen konnte an den Frauen. Meistens war eine Schaubühne aufgezogen, da brachten sie Theaterstücke und Gedichte.

Abends haben wir getanzt. Der Höhepunkt der Feste war immer die Quadrille à la cour, das ist so wie ein Menuettanz. Der hatte zehn Touren immer zu vier Paaren, zwei so und zwei so, um solche Quadrate herum. Alle warteten auf das Vorspiel. Dann haben wir uns gewiegt und geträllert: «Komm' Sie mal rüber, komm' Sie mal rüber ...» Das war das schönste, immer um Mitternacht. Aber morgens, da konnten wir die ganze Nacht durchgetobt haben, morgens mußten wir zum Melken zu Hause sein. Kaum waren wir fertig, spätestens am Mittag, mußten wir wieder auf den Rombinus.

Am Sonntag wurde auch immer politisiert, viele Redner meldeten sich zu Wort. Unser ehrwürdiger Martin Jankus von Bittehnen sprach. Er hatte sich in den Kopf gesetzt, die alte Kultur der preußischen Litauer zu verteidigen. Wir sollten daran festhalten, sagte er, das Brauchtum wiederaufleben lassen. Danach war meistens der berühmte Vydunas aus Tilsit zu hören. So ein kleines Männchen war er, ein Vegetarier. Er brachte einen Chor mit, welcher «Birutė» hieß nach der litauischen Königin von alters her. Unser Rombinus war nämlich ein wichtiger Platz der Geschichte. Nicht sehr hoch, aber die Memel machte zu seinen Füßen eine Schleife. Vom Berg aus hatten früher die Götter die ganze weite Umgebung beherrscht. Und die Menschen haben ihnen Opfer gebracht. Der große Stein für Perkunas, den Donnergott, stand immer noch da, mitten auf der Lichtung, mitten im Fest. Auch Großlitauer sprachen, auch Generale aus Kaunas, Gelehrte, sogar wichtige Menschen aus dem Deutschen Reich. Jeder hatte so seine eigene Idee. Man machte sich bekannt. Sie saßen und tranken und aßen. An einer Stelle sang die Feuerwehr auf deutsch, anderswo ein Verein auf litauisch. Da war noch immer keine Feindschaft. Ich hatte damals solche weißen Leinenschuhchen, extra genäht zum Tanzen.

Sonntag nacht war Schluß oder gegen Morgen, zum Montag hin. Manche sangen noch auf dem Rückweg, manche schwankten.

Auf dem Rombinus ist angeblich Napoleons Kriegskasse vergraben. Noch letztes Jahr haben sie im Auftrag unserer litauischen Regierung mit dem Traktor ein Riesenloch gegraben. Das kann man verstehen, unsere Staatskasse ist leer. War alles abgesperrt, keiner durfte gucken. Schon zu meiner

Jugend reiste einer an aus Tilsit mit der Wünschelrute. Er sagte, er findet die Stelle. Sie war in einem Buch beschrieben worden. Dann haben sie gegraben den ganzen Sommer, ach du liebe Zeit. Das Land gehörte dem Schmied. «Wenn ihr etwas findet, sagt es keinem. Das ist meins.» So traktierte er immer die Männer, die gruben. Täglich brachte er ihnen Bier und Schnaps, und dann saßen sie da und gruben nicht. Wir gingen sonntags immer zur Besichtigung – zur «Goldgrube», wie wir sie nannten. Auch Ausflügler von der ganzen Umgebung, von Tilsit und Ragnit, interessierten sich dafür. Es war ein Loch mit Wasser und sonst nichts.

Markttage in Tilsit

Schön war unser Dorf. Viele Wege kreuzten sich, und wer unbekannt war, der verirrte sich. Unsere Welt ging bis Tilsit, dahinter war für uns ein fremdes Land. An den Markttagen, mittwochs und sonnabends, stiegen wir um acht Uhr mit unseren Körben auf den Dampfer. Eine halbe Stunde nur, und man war dort.

Auf dem Schenkendorfplatz drängte sich alles nach der schattigen Seite. Morgens war die Butter noch kühl, schön in Rhabarberblätter eingewickelt, je Blatt ein halbes Kilogramm. Vorne lag auf Pergamentpapier das Schmeckstückchen. Ich schrie immer mit aller Kraft: «Madamchen, steinharte Butter, Butter wie Stein!»

Die Städter – geschniegelt und gebügelt, wie meine Mutter zu sagen pflegte – ließen sich nur schwer beeindrucken. Sie zogen in aller Ruhe ihre Teelöffelchen aus den Taschen und kosteten. «Pfui», riefen sie, wenn ihnen die Butter nicht behagte, und spien sie aus. Wenn sie sahen, du hattest noch viel im Angebot und es war bald Mittag, handelten sie: «Laß noch ein bißchen runter. Die Butter schmilzt schon und wird gleich schlecht werden.»

Die Deutschen waren reich, und wir brauchten die Reichsmark. Mit unseren Lit und Cent konnten wir in der Stadt nichts kaufen. In Litauen konntest du deine Ware auch nicht loswerden, zuviel war von allem. Damals sagte man: «Es ist billiger, die Wagenräder mit Butter zu schmieren, als Wagenschmiere zu kaufen.» Nur mit den Schweinen war es etwas besser, die übernahm der Engländer. In dem Land essen sie schon Speck zum Frühstück, das war günstig für uns.

Wenn der Marktkorb leer war, gingen wir spazieren. Alles spielte sich auf der Hohen Straße ab. Mama hatte ihre Geschäfte, wo sie wußte, daß es was Gutes gab. Wäsche, Schuhe, Kurzwaren, auch Fahrräder, Kartoffelstampfer oder Töpfe, das war in Litauen schwer zu haben. «Schau nicht rechts, schau nicht links, kaufe bei Raudies und Bugenings», stand dort. Deutsche Straße Nummer 73 war die Anschrift, das weiß ich noch. Auch das Schuhgeschäft Tack hatte so eine lustige Reklame: «Die Welt wird schöner mit jedem Tack.»

Ich kaufte immer gerne diese Schnecken, solche dünnen, leichten Kuchen mit Puderzucker beschmiert. Und in der Drogerie, schräg gegenüber, das Journal «Magazin der Hausfrau». Das war ein interessantes Blatt, nicht groß, nicht dick, aber allerhand drin. Eines Tages, an einem Samstag, habe ich mir beim Friseur die Haare abschneiden und ondulieren lassen. Da hat der Vater mich geschlagen deswegen.

Auf dem Rückweg mußtest du aufpassen, daß dich der litauische Zoll nicht erwischte. Alle haben geschmuggelt natürlich, wie das so ist an der Grenze. Besonders im Winter, wenn die Memel zugefroren war. Da konntest du mit Kanonen über den Strom fahren, so stark war das Eis. Dann zogen ganze Karawanen durch Nacht und Nebel. Unsere Kühe und Schweine waren drüben willkommen. Sie waren billig, genau wie unser Schnaps. Und wir bekamen, wenn wir Glück hatten, den Kaffee von dort unverzollt. Auch Zentrifugen wurden verschoben über den Strom und viele andere landwirtschaftliche Geräte. In Bittehnen konnten wir oft die Schüsse hören und das Fluchen, wenn die Zöllner jemanden zu fassen kriegten.

Jeden Herbst war an der Tilsiter Luisenbrücke Jahrmarkt. Ich weiß noch, wie ich in diesem Korb saß. Ein Rad mit Körben dran, und wenn du dreimal rumgefahren warst, mußtest du aussteigen. Von oben besehen, war die Memel nicht mehr so breit. Die Stadt schaukelte, seltsam, wie betrunken. In die «Fahrt zum Mond» bin ich nie eingestiegen, die war mir zu schnell. Lieber aß ich Zuckerstangen oder diese verzuckerten Mandeln. Später, schon im Krieg, habe ich diesen Film gesehen, «Die Reise nach Tilsit», nach dem Buch von Hermann Sudermann. Da war unser Markt schon nicht mehr, nur im Film konnte man ihn noch besehen. Ich mußte weinen. Das tat mir so leid, wie die beiden, Ansas und Indre, Karussell fuhren, und er denkt an nichts anderes, als wie er sie umbringen kann. Sie war so schön mit ihrem neuen Tuch. Alle haben ihr nachgeschaut, obwohl sie eine Bäuerin war. Nachher haben sie von dem süßen Likör getrunken, und die Stadt hat ihnen so gut gefallen, daß er abließ vom Morden und sie wieder liebte. Nur hat es nichts genützt. Auf dem Rückweg ist er ertrunken im Sturm.

Tilsit hat mich immer angezogen. Noch heute fahre ich ab und zu hin. Aber wohnen, wohnen wollte ich dort nie, in den engen Häusern. Dort mußt du einen Büstenhalter tragen und dich ganz anders kleiden. In der Stadt kenne ich keinen. Überhaupt kennt dort niemand irgendeinen. Wenn ich in der Paradiesstraße am Kochtopf stehe oder abwasche, dann schau ich auf den Wald, und ich weiß, der und der ist da vor dem Fenster gegangen.

Mein Fritz

Mit dem Fritz war es amtlich, daß wir beide, wenn wir alt genug sind, heiraten werden. Das war so wie das Amen in der Kirche. Auch bei der Mama war er gut angeschrieben. Fast konnte man denken, die beiden hätten einen Bund geschlossen, denn mit Fritz durfte ich überallhin.

Ich war fünfzehn, und er war achtzehn. Sonntag war, im Frühjahr oder Frühsommer, alles rannte an die Memel. Fritz und ich saßen als einzige auf dem Rombinus, schauten auf den Strom. Ich saß ein bißchen höher, er ein bißchen niedriger. Auf einmal sagte er: «Wenn du groß sein wirst, dann werd ich dich heiraten!»

Ich sagte: «Dann ist gut. Ich brauch mich gar nicht zu sorgen, denn einer wird mich heiraten.» Ich lachte mich halb krank darüber. Und danach waren wir noch acht Jahre Freunde. Wie viele Schritte wir zusammen gemacht haben, das kann man mit dem Computer nicht zählen. Durchs Dorf, an der Memel entlang, rauf auf den Berg, runter gejagt, je nachdem, wie wir Lust und Laune hatten.

Wenn ich Fritz genommen hätte? Fritz war so gut. Mir war er zu gut. Was ich sagte, war für ihn heilig. Da durfte keiner dran rühren, wenn es auch noch so ein Quatsch war. Manchmal hat er sich heimlich bei meiner Mutter beklagt über mich. «Aber sagen Sie der Lena nichts, Frau Grigoleit, und schimpfen Sie nicht mit ihr», hat er gefleht. Er konnte es keinem anderen sagen, nur meiner Mutter hat er seinen Kummer verraten. Das gefiel mir nicht. Andererseits hab ich es verstanden, denn Fritz hatte zu Hause keine Zustimmung. Er war der Älteste und sollte den Hof erben. Sein jüngerer Bruder studierte. Zuerst sollte er Pfarrer werden. Doch er hatte keine gute Aussprache, er lispelte, und so ging er die Rechte studieren. Im Haus war nur noch die jüngste Schwester, die Hilde, und die konnte mich nicht leiden. Sie und die Mutter, beide waren mir nicht gut. Vielleicht waren sie neidisch, daß der Fritz so an mir hing. Sie haben ihn gequält und gequält. Alle Tage heizten sie ihm ein: «Du bekommst das Grundstück, aber die Lena wollen wir nicht haben.» Der Vater war nicht so dagegen. Er hat mich oft gesehen, auf dem Felde beim Hacken oder wenn ich molk. «Sie ist tüchtig», hat er gemeint. Aber was sollte er tun gegen seine Weiberleut? Der Hauptpunkt war, daß meine Eltern mehr die litauischen Traditionen hochhielten und Fritzens Familie sich schon verdeutscht hatte. Seine Mutter hatte auch einen litauischen Namen, Marikke hieß sie. Was für eine Geborene sie war, erinnere ich nicht mehr. Sie war so eine, die ihr Litauertum vergessen wollte.

Trotzdem trudelten wir unbeschwert durchs Leben, bis der Hitler anfing zu rumoren. Er war zwar jenseits der Memel, aber das Dritte Reich war doch nah. Da mußte in Ragnit nur einer ins Wasser spucken, gleich war die Welle in Bittehnen. 1933 begann mein Zerwürfnis mit Fritz. Seine Eltern und Geschwister waren große Hitlerfreunde, und wir waren dem Naziregime abhold. Überall war es zu spüren, alles wurde anders. In jeder Familie gab es Diskussionen. Bei uns war es die Tante Auguste. Die war von Anfang an Feuer und Flamme für den Adolf. Wenn sie auf Besuch kam, versuchte Mama, sie zu besänftigen: «Aber Gustchen, du mußt doch ein wenig weiterdenken. Das ist doch nicht normal. Wie denkst du, daß der Führer dir Glück bringen kann?» Mein Vater war Mutters Meinung, aber er stritt sich nicht gern. Er trank mit dem Schwager Bier, und sie plachanderten über das Wetter und das liebe Vieh, auf litauisch. Und wenn sie rauchten, schwiegen sie, denn in dem Qualm konnten sie einander kaum mehr sehen.

Meine Mutter sagte immer zu uns Kindern: «Mischt euch nicht in die Politik. Ihr habt keinen Tropfen deutsches Blut in den Adern, das müßt ihr immer bedenken. Und daß ihr euch nicht irgendwo festfahrt und mitmacht in dem ganzen Hallo!»

Dem Martin Jankus haben sie ordentlich zugesetzt. Sie grölten vor seinem Haus und machten ihm angst. Einmal haben sie dem alten Mann einen Pudding, verziert mit einem Hakenkreuz, vor die Tür gestellt. Die Armeleutejugend machte das, die wollten wunder was vollbringen. Die Bauernjungens haben so was nicht getan. Schuld waren die von drüben, die haben alles angefacht. Wenn der Pfarrer kam von Ragnit oder die Bekannten aus Obereisseln, immer hieß es: «Das Reich! Das Reich! Alle werden reich, es wird mehr Freiheit geben für die Deutschen.» Auf Kellotats Versammlung beteten die Prediger immer gegen den Bolschewismus. «Der will die Kirche ausrotten! Von Osten wird ein großes Unglück hereinbrechen!» Und so weiter, davor haben wir auch Angst gehabt. Wenn die Roten überhandnehmen, dachte man, dann werden wir eingekesselt sein. So etwas Unsicheres kam auf. Nicht Gewalt war, so direkt nicht, wir waren doch Ausland, und jeder kannte jeden. Aber du stehst am Zaun, bewunderst dem Nachbarn seine Stockrosen, und plötzlich fragst du dich, ist der pro oder contra. Oder du sagst «Guten Tag» und denkst, der denkt, du bist contra, weil du nicht «Heil» grüßt. Die sagten «Heil», die pro waren, nur «Heil», das «Hitler» verschluckten sie wegen der litauischen Polizei. Oder bei den Fabians im Laden, du hast gerade am Morgen in der Zeitung gelesen, der Pöbel in Tilsit hat jüdische Bürger beleidigt. Du kannst es dem Gerhard doch nicht erzählen oder ihn fragen. Hat er es gelesen oder nicht? Ich sehe ihn, mehlverschmiert, er lacht und lacht. Und ich lache auch, aber warum? Fritz hat ihm alle die Jahre die Freundschaft gehalten. Das rechne ich ihm hoch an.

Sonntags, wenn ich mit Fritz auf unserem Plätzchen saß, auf dem Berge, beobachteten wir immer die Ausflugsdampfer, die von Ragnit stromab oder von Tilsit stromauf an unserem Dorf vorbeiplätscherten. An Bord waren oft braun und schwarz uniformierte junge Männer, manchmal auch buntgekleidete Kinder, die zu uns mit Hakenkreuzfähnchen herüberwinkten und riefen: «Memelland, bleib treu. Wir vergessen euch nicht. Wir holen euch heim ins Reich!» Später, aber da war ich schon verheiratet, schwebte über der Memel öfters das Luftschiff «Graf Zeppelin». Es sah aus wie eine große Zigarre, die rauchte, blaugrün und lautlos, und bei näherem Hinsehen konnte man buchstabieren, was darauf stand: «Deutschland erwache!» und immer wieder «Persil. Persil. Persil.»

Ich mußte mit ihm gehen

Ich ging schon auf die vierundzwanzig zu. Nun lebte am anderen Ende von Bittehnen Vaters Schwester, Tante Anna, die hatte sich in den Kopf gesetzt, mich in ein Nachbardorf zu verheiraten, auf ein großes Grundstück. Vater ließ sich in allem von seiner Schwester beeinflussen. Endlich hatte sie ihn so weit bearbeitet, daß eines schönen Tages der Bruno vorgefahren kam. Ein großer, stattlicher, schöner Mann, das muß ich zugeben. Ohne mich zu fragen, kam er mit Verlobungsringen an. Zureden hilft auch bei mir, und mit dem Fritz war ich gerade überworfen. Eins, zwei, drei war ich verlobt. Ich war wie mit dem Dämelsack geschlagen! Mit Cousin Walter, Tante Annas Sohn, fuhr ich zur Visite Richtung Willkischken. Alles war viel größer als bei uns. Das Wohnhaus war aus Stein, in der guten Stube waren die Sofas und Sessel mit Bezügen verkleidet wie in alten Romanen. Das Anwesen steht heute noch komplett, sogar der Taubenschlag. Die Schwiegermutter war eine kleine Frau. Sie empfing mich kühl, wortlos führte sie mich überall herum. Mir war nicht wohl ums Herz. Was ich sah, war so anders, und die Schwiegermutter würde das Zepter noch lange in der Hand halten. Gegen Abend brachte mich Walter wieder zurück.

Mehrere Male besuchte ich diese Leute. Innerlich waren sie mir fern, und noch etwas war. Ich sagte «Auf Wiedersehen», stieg in die Kutsche. Immer sobald wir um die Ecke bogen, trat ein Mann auf die Chaussee und stellte sich uns in die Quere. Blitzschnell reichte er einen Brief in die Kutsche und zog sich dann zurück. Beim nächsten Besuch lauerte er mir wieder auf. Es dunkelte schon, und ich las von den Schandtaten der jungen Männer des Ortes, darunter sich auch Bruno befand. Auf meine Frage, ob das denn stimme, hat mein Verlobter es nicht sehr abgestritten. «Was man im Suff so alles fertigkriegt», sagte er nur. Tante Anna ging schließlich zu dem Nachbarn, der ihn angeschwärzt hatte. Ob der Rache nehmen wollte an Bruno oder ob er Mitleid hatte mit mir, war nicht herauszubringen. Die Sache war und blieb anrüchig, und nach kurzem Bedenken löste ich mit Einverständnis der Eltern die Verbindung.

Es dauerte nicht lange, und mein Fritz war wieder da. Er spielte mit dem Gedanken, den Hof der Schwester abzutreten und sich auszahlen zu lassen. «Weißt du, Lena, wir nehmen mein Erbteil, und du wirst ja auch was bekommen als Mitgift, und kaufen uns anderweitig was.» Mein Himmel, ich soll weg von hier? Ich weiß nicht wo in einem anderen Dorf siedeln.

In dieser schwierigen Zeit trat mein Zukünftiger auf den Plan, ganz plötzlich, ungefähr Anfang 1934, und das kam so: Eine litauische Organisation wollte auf dem Rombinus einen Fastnachtsball veranstalten mit einer Theatervorstellung. Dazu wurden Artisten gesucht. Fräulein Else Jankus kam zu meiner Mutter und bat, sie möchte mich mitspielen lassen. Dort unter den Artisten befand sich mein Konstantin, ein froher, schöner Kerl, der einen guten Leumund hatte. Erst nahm ich keine Notiz von ihm.

Das Fest kam und ging fröhlich zu Ende, dann noch ein Fest und noch eines. Allmählich bemerkte ich, er hat ein Auge auf mich geworfen. Er war so ruhig und selbstbewußt. Viele junge Mädchen wollten ihre Netze um ihn stricken. Und er wollte mich. Durch Fräulein Jankus ließ er meiner Mutter seine Wünsche mitteilen. Die Eltern waren nicht abgeneigt. Konstantin Kondratavičius war umgänglich, er war zehn Jahre älter als ich, und er hatte, wenn er auch nicht gerade wohlhabend war, Bildung und einen guten Beruf. Als Leiter des Grenzschutzpunktes Bittehnen war er allgemein bekannt und sogar beliebt, weil er seine Untergebenen milde behandelte und so manchen Schmuggler glimpflich davonkommen ließ. Daß er ein echter Litauer war, aus Großlitauen zugereist, war in den Augen unserer Familie kein Nachteil.

Ich denke, das alles war Schicksal, das mußte so sein. Es war nicht so, daß ich verliebt war. Ich weiß nicht einmal, ob ich überhaupt irgend jemand richtig geliebt habe. Ich war fast vierundzwanzig und wußte nicht, wohin. Mir tat der Fritz in der Seele leid. Der war mir so gut. Der war immer glücklich, wenn ich bei ihm war. Oft sagte er: «Ich will dich tragen, daß dein Fuß an keinen Stein stoße.» Dieser aber war anders. Der forderte, der bohrte. Immer wenn ich unterwegs war im Dorf, begegnete ich ihm, und sein Blick fragte. Nachher ließ er mir ausrichten, lange werde er nicht mehr warten. Das Frühjahr kam, die viele Arbeit, und mein Rükken tat weh. Die Landwirtschaft war mir schon verleidet, ich wollte nicht mehr. Ich war schon müde, abgekämpft. Der Vater nahm mich ran ohne Pardon. Ach, dachte ich, was macht das für einen Unterschied, ob ich zu Hause oder auf einem anderen Hof die Kühe melke. Ich will mal was anderes probieren. Der Konstantin wird nach Schmalleningken versetzt, ich nehm mein Erbteil und werde es dort leichter haben.

Nachts bin ich immer aufgewacht, hab mich hingesetzt und gedacht, immer im Kreis: «Fritz, o mein Fritz!» Dann ging ich zu ihm: «Fritz, du kannst nicht gegen den Strom schwimmen, und daß du vom Hof gehst, der dir von klein auf zugesagt ist, daß du den verlassen sollst meinetwegen, das geht doch nicht. Das wirst du nicht verkraften.» Er hätte sagen können: «Ich laß dich nicht.» Aber er war still. Der andere trumpfte auf, entweder – oder. Um allem Denken ein Ende zu machen, gab ich Konstantin mein Jawort. Bis heute kann ich mir nicht richtig erklären, was mich dazu trieb. Es war, als ob eine unsichtbare Gewalt mich an die Seite dieses Fremden führte. Ob ich wollte oder nicht, ich mußte mit ihm gehen.

Mein Konstantin war katholisch, und daran wäre die Hochzeit beinahe noch gescheitert. Der katholische Pfarrer von Pogegen drohte ihm in der Beichte: «Wenn du dich evangelisch trauen läßt, kann ich dir die Absolution nicht geben.» Natürlich wollte ich nicht, daß er aus seiner Kirche ausgeschlossen wird, nur andererseits konnte ich doch auch nichts tun. Die Tante Auguste und die anderen Verwandten, die würden auf dem Absatz kehrtmachen, wenn sie vorm Papst seinem Knecht antanzen sollen. Anderntags kam der Pfarrer selbst und redete mit mir. Ich sollte übertreten, das wäre das einfachste. «Nein», sag ich, «von heute auf morgen kann ich mich nicht umstellen.» Also wenigstens die Trauung soll katholisch sein, schlug er dann vor. Der hat mich bald verrückt gemacht, wie er so schwarz gekleidet da thronte und sprach und sprach. «Wir wollen uns darauf einigen», das war sein letztes Angebot: «Die Kinder werden katholisch getauft.» Ach du liebe Zeit! Ich wollte ihn loswerden und überlegte, die Kinder, die sind weit entfernt, na meinetwegen. Wenn es soweit ist, dann kommt sicher was dazwischen. Jetzt war er wenigstens zufrieden, daß er die Kinder bekommen hat. Ob ich das auch unterschrieben habe, weiß ich nicht.

Wir haben dann bei unserem alten Pfarrer in Willkischken die Trauung angemeldet. Das Fräulein Jankus hat mich beraten, wie alles sein muß. Zum Standesamt ein langes schwarzes Kleid und in der Kirche, das wollte sie durchaus, die Nationaltracht. Alle Bräute sind schön, und es war gut so. Das Entscheidende nach Fräulein Jankus war, daß man achtgibt, wer nach der Trauung wen umkehrt. Wenn alles vorbei ist, wies sie mich an, dann mußt du am Altar stehenbleiben. Er muß sich als erster umdrehen, dann wirst du Gewalt über ihn haben. Wenn es umgekehrt läuft, dann mußt du ihm gehorchen. So hab ich es gemacht. Er mußte sich drehen, jedoch im Leben hat das überhaupt nicht gestimmt. Konstantin ließ sich nichts sagen. Was ihm richtig war, das wurde gemacht, da konntest du dich auf den Kopp stellen.

Von seiner Familie ist niemand gekommen an diesem 10. Oktober 1934. Seine Eltern hab ich niemals gesehen. Sein Vater starb kurz vor unserer Hochzeit. Er war ein kleiner

Bauer in einem Dorf in der Gegend von Alytus und gerade erst beerdigt. Und so tanzten wir unter uns Bittehnern in die Nacht und bis in den Morgen. Bei uns war damals noch immer Mode, daß wer im Dorf so Lust hatte, kommen konnte. Die Fenster durften nicht verhängt werden, damit jeder die Braut und den Bräutigam und die geladenen Gäste zu sehen bekam. Auch draußen schwangen sie das Tanzbein zur Musik. Man mußte ihnen Kuchen rausbringen, auch Schnaps und Wein und Bonbons für die Kinder. Ich sah bloß die schwarze Menschenmenge, die sich hinter der Scheibe auf dem Hof und in der Paradiesstraße bewegte. Wer alles da war, ich weiß es nicht.

Lena Kondratavičiene war ich jetzt und sollte als Frau eines Grenzbeamten nach Schmalleningken ziehen, ein lustiges Städtchen, 50 Kilometer memelaufwärts. Lange Zeit aber konnte ich die Vergangenheit nicht loswerden. Immer verfolgte sie mich, besonders nachts. Ich hatte immer denselben Traum: Hab immer gestanden vor dem Hoftor und auf ihn gewartet. Dann kam seine Mutter heraus und sagte: «Du kannst nach Hause gehen, der Fritz ist nicht da.» Immer bin ich erwacht dabei, schweißnaß. Anfangs erzählte ich meine Träume, doch dann wurde mir das selbst unheimlich, und ich schwieg darüber.

Liesi erzählte mir nach der Hochzeit, wie der Fritz verzweifelt war. Er heiratete bald ein Bauernmädchen aus dem Nachbardorfe, und sie bekamen einen Sohn. Einmal, als ich mit dem Dampfer von Bittehnen nach Schmalleningken fuhr, habe ich den Sohn im Arm gehabt für eine Minute. Die Mutter kletterte die Strickleiter hoch aufs Schiff. «Komm, ich halte ihn dir», sagte ich und holte das Kindchen an Deck. Es war wohl anderthalb, ein Reinhard. Er lief schon ganz tüchtig.

Schmalleningken, an der Grenze

Meine Birutė wurde noch zu Hause geboren, im Haus der Grigoleits. Mir ging es die ganze Schwangerschaft durch sehr schlecht. Monatelang mußte ich erbrechen und sah aus wie Braunbier mit Spucke. Ich konnte nichts essen. Was ich aß, kam wieder heraus. Bloß schwarzen Kaffee vertrug ich. Alles andere war mir zuwider. Der Geruch der Menschen, mit denen ich in Berührung kam, auch meinen Mann konnte ich nicht um mich haben. Vater konnte das kaum ertragen. «Bringt sie aus dem Hause», fluchte er, «daß ich sie nicht sehen brauch.»

Gegen Ende wurde es etwas besser, und da schickte mich Mama mit Vesperbrot aufs Feld, gerade das am weitesten entfernt war. Dort lieferte ich meinen Korb ab, und weil der Tag so schön war, fiel mir ein, einen Abstecher nach dem Walde zu machen und Lisbeth, Cläre und Friedelott zu besuchen. Ich setzte mich dort zum Vesperbrot dazu, aber mir war so komisch zumute.

Die Mutter der Mädchen sah mich öfter an und meinte: «Mach, daß du nach Hause kommst.» Daraufhin zog ich gleich los, bis in die Paradiesstraße war ein ordentliches Stück zu gehen. Unterwegs mußte ich dringend. Aber was war das? Sobald ich mich erhob, lief es von selbst. Da bekam ich es mit der Angst zu tun, beschleunigte meine Schritte und kam atemlos zur Tür herein.

«Spann an, Vater», rief die Mutter, «hol die Hebamme aus Willkischken.» Walter, der Pflegebruder, rannte in den Roßgarten, schnappte sich die Pferde und sprengte, so schnell er konnte, in den Hof. Ein Glück, daß die Hebamme nicht anderweitig war, sie kam gerade in letzter Minute. «Es wird gleich kommen», meinte sie nach der Besichtigung, zündete zur Lampe noch ein Licht an, und es ging los. Auf einmal hörte ich ein klägliches Stimmchen, dann begannen die Nachwehen, und dann drückte man mir ein Bündel in die Arme. Ich hatte Angst, es anzunehmen. Es war ganz leicht und völlig verhutzelt.

Birutė war ein Donnerstagskind. Mein Mann bestimmte den Namen nach der höchsten der Litauerinnen, die in der Sage das Feuer hütete. Bei Irena, fünf Jahre später, ging es nicht so gut vonstatten. Da war ich sehr in Not. Als ich danach das Gesicht meines Mannes sah, mußte ich wieder lachen. Wie er in das Körbchen guckte und wieder zur Türe rausspazierte. «Wieder ein Mädchen!» Die Enttäuschung stand ihm auf der Stirn geschrieben. Ich freute mich im stillen darüber. Was würde ich heute anfangen ohne meine Mädchen? Sie sind immer um mich, sooft sie können.

Kurz nach der Geburt wurde Birutė krank. Ich telefonierte mit meinem Mann nach Schmalleningken, er soll den Doktor und den Pfarrer bestellen. Und ich fragte noch, welchen Pfarrer er bringen wird, in der Hoffnung, er würde sagen, den, welchen du willst. Er war ganz entrüstet und erinnerte mich an mein Versprechen. Birutė wurde katholisch getauft und bald wieder gesund. Heutzutage kann man sich das kaum noch vorstellen, da ist man froh, wenn einer überhaupt Religion hat. Damals, ob einer evangelisch war oder katholisch, das war wie Hund und Katz. Birutė war noch ganz klein, da wollte ich sie in Schmalleningken mit in die evangelische Kirche nehmen. Sie heulte: «Da geh ich nicht rein.» Sie gehorchte einfach nicht. Schließlich hab ich ihr vor der Kirche den Hintern versohlt und sie reingetragen. Nachher sagte sie zum Vater: «Komm, wir lassen Mama umtaufen.» Als Irena geboren wurde, war die Sache schon klar. Wenn die eine katholisch ist, mußte die andere auch so sein. Du kannst sie doch nicht teilen.

Schmalleningken war geographisch interessant gelegen,

was ich später erst richtig begriff. Für meine Mitgift hatten wir ein Haus mit Inventar gekauft, nämlich einen Kurzwarenladen. Meine Mutter, die etwas von Politik verstand, hatte uns gut zugeraten, doch etwas Festes zu erwerben. Die Vorbesitzerin war eine Jüdin, Clara Berlowicz. Sie wollte ihren Wohnsitz nach Jurbarkas verlegen für den Fall, daß der Adolf käme. Viele Juden taten das seinerzeit. Direkt hinter Schmalleningken verlief bis zum Ende des ersten Krieges die alte preußisch-russische Grenze, und Jurbarkas war das nächste Städtchen jenseits, auf russischer Seite.

Jetzt war alles eins. Litauen war nicht mehr russisch, und unser Memelgebiet war litauisch. Aber wie lange würde das dauern? Nach dem Strom hin, in Richtung Reich, wachte der Zoll. Da stand mein Mann auf Posten. Vielmehr er hatte die ganzen Zöllner unter sich, Konstantin war der Oberste im Amt. Schmalleningken war nicht sehr groß, aber fast städtisch und trotzdem gemütlich. Post und Apotheke gab es, Ärzte für spezielle Krankheiten, ein großes Hotel, denn es war viel Durchgangsverkehr, Gastwirtschaften noch und noch, schöne Kaufläden, eine Kirche und eine Synagoge, eine Dampferanlegestelle und einen Hafen für die Boydaks und das Holz auszuladen, Lager, Kontore und allerhand sonst. Man sagte mir, der Platz wäre durch die Konterbande reich geworden, vor dem ersten Krieg. Reich ist vielleicht übertrieben, und gewiß gab es auch ordentliche Leute und ordentlichen Handel. Aber ein Schmugglernest war es schon. Viele Fremde hatten sich hier niedergelassen, auch Russen, auch Polen, und die Juden waren besonders zahlreich.

Der Kurzwarenladen war genau das richtige für mich. Mir gefiel das Bedienen. Den ganzen Tag zwischen Zwirn und Wolle, Knöpfen, Unterzeug und den ganzen Kinkerlitzchen, alles rauskramen und wieder Ordnung schaffen, beraten, da war immer was los. Da konntest du Anekdoten erleben, auf dem Dorf brauchtest du hundert Jahre dafür. Einmal zum Beispiel kam eine Frau in den Laden. Alles war schon auf Karten, und sie fragte, ob ich noch ein Paar Schlüpfer hätte. Ich hatte noch welche im Karton, schöne dicke in Rosa. Sagte sie: «Wissen Sie, ich bin blond, ich brauch blaue.» Hör ich richtig? Sie freute sich nicht, daß sie die letzten Schlüpfer im ganzen Umkreis bekommt, sie wollte blaue! Solche Luxusmenschen hab ich bis dahin nicht gekannt.

Mein Mann war sehr ordentlich und strebsam, so daß ich mich zusammennehmen mußte. Ich war doch mehr als neun Jahre jünger als er, wollte noch viel erleben und «nahm das Leben nicht so tragisch», wie man sagte. Einmal die Woche gingen wir aus. Erst zum Friseur, und meistens dann in Löwrigkeits großen Saal zum Fest. Konstantin liebte das auch. Er mochte es sehr, sich gut anzuziehen. Wenn ich schon mit meiner Toilette fertig war, hat er immer noch gepinselt und gemacht. Er hatte dunkles Haar, und alle sagten immer: «Der Mann sieht sehr gut aus.» Alle wollten mit ihm tanzen, auch wenn er kein großer Tänzer war.

Einmal hörte ich im Radio eine Rede von Hitler. Ich wollte gar nicht, aber ich hörte doch, wie er den Masaryk, den Tschechen, einen «Bluthund» nannte. Ich dachte: Mensch, das ist kein Staatsmann. Adolf war auf den Plan getreten, aber wir hofften insgeheim immer, er würde an uns vorübergehen.

Zwischen zwei Feuern

Eines schönen Tages kam eine Frau in den Laden gestürzt: «Frau Kondratavičiene, wir sind deutsch!» Sie war begeistert, und ich konnte doch nicht zugeben, daß ich erschrokken war. So sagte ich forsch: «Jetzt wird die gute Zeit beginnen.» Innerlich zitterte ich. Es dauerte keine halbe Stunde, da hingen beiderseits der Straße die Fahnen, von oben bis zur Erde runter. Alle hatten sie heimlich genäht. Das wußte ich, denn seit ein paar Wochen wurde das rote Garn knapp.

Ich lief wie betäubt durch die Straßen. Eine Freundin schleppte mich durch den Trubel. Hitler sollte schon in Memel sein. Zu uns schickte er bloß ein paar Soldaten und einen Redner für die Begrüßungsansprache. «Willkommen im Reich. Wir danken euch für die unerschütterliche Treue!» und so weiter. Alles Hitlermenschen um mich herum, manche freuten sich vielleicht auch bloß zum Schein. Es war März, 1939, glaube ich. Jetzt mußte ich mich umstellen. Ich konnte doch nicht mein Haus zurücklassen und weglaufen. Viele Bekannte packten und machten rüber. Wer litauisch war oder dachte, ging über die Grenze, und die Juden natürlich, die bis dahin geblieben waren. Die Synagoge brannte, das war die erste Schande, die uns die neue Zeit einbrachte.

Mein Mann verschwand für eine Weile, zur Sicherheit und weil er doch Staatsbeamter war. Er mußte in der Hauptstadt, in Kaunas, die Dokumente abliefern und Abrechnungen vorlegen, sonst wäre er doch fahnenflüchtig gewesen. Wenn er sich frei gemacht hatte von der Pflicht, wollte er zu uns zurückkommen.

Lange blieb er nicht fort. Kurz bevor der Krieg mit Polen anfing, war er wieder bei uns. Er war nun Ausländer, ich Deutsche. Wegen unserer Ehe wurde er geduldet, beim Zoll durfte er natürlich nicht mehr arbeiten. Das schlimmste war, daß ständig die Gestapo hinter ihm her war. Die wollten ihn um jeden Preis anwerben. Zuerst versuchten sie es hintenrum und beknieten mich. «Frau Kondratavičiene, sehen Sie zu, daß Ihr Mann Deutsch lernt, solche Leute wie ihn brauchen wir.» Die hatten die Vorstellung, er wäre als Spitzel geeignet. Konstantin sprach Litauisch, er sprach Russisch, weil er doch in der Zarenzeit ein paar Klassen Gymnasium genossen hatte. Und er kannte die Gegend diesseits und jenseits der Grenze wie seine Westentasche.

Seit dem Sommer 1940, die Irena war gerade geboren, wurde es noch schwieriger. Nachdem Stalin Litauen und die anderen baltischen Länder einkassiert hatte, lag Schmalleningken praktisch direkt vor der Tür des Bären. Mein Konstantin sollte dorten spionieren gehen. Niemals hätte er sich dafür hergegeben, du hättest ihn vorher totschlagen müssen. Er verstand schon Deutsch, gar nicht mal so schlecht, nur sprechen tat er nie.

Also die Gestapo lag mir in den Ohren. Und ich lavierte: «Wissen Sie, Herr Karsten», so hieß der Oberste von denen, «ich müh mich schon seit vielen Jahren. Aber er ist so ein Stubbenkopf. Wenn einer nach zwei-, dreimal den Satz immer noch nicht wiederholen kann, dann bin ich fertig mit den Nerven. Entweder ich werde verrückt, oder er wird verrückt. Wir beide werden uns noch darüber verzanken.» So hab ich ihn hingestellt, bis sie von ihm abgelassen haben.

Und dann fielen sie auf mich. «Hören Sie, was die Kundschaft redet. Was sie für eine Einstellung haben. Wer von drüben kommt, aus dem roten Litauen.» Mein Kurzwarenladen war direkt gegenüber dem Büro der Gestapo. Jeden Tag praktisch kamen Leute von der anderen Seite der Grenze zum Einkaufen. Die vertrauten mir, ich kannte so manchen. Ach du großer Gott, der eine hatte geschmuggeltes Geld unter dem Paletot. Ein anderer wollte eine Nachricht hinterlassen für einen Bekannten. Woher sollte ich wissen, ob das nicht eine verschlüsselte politische Botschaft war? Dann plötzlich stand der Krüger im Rahmen, wollte sich aussprechen. Das war der Nachbar, der mit einer Betty Adelsohn aus Tilsit verheiratet war, einer sehr schönen Jüdin. Er kam immer, um sich zu beklagen, er fände keinen Platz für seine Frau und seinen Sohn Hansi, die Verwandten in Ostpreußen weigerten sich, sie zu verstecken, ob ich nicht jemanden wüßte. Nachher tat es ihm leid, er war sehr ängstlich in allem. Kaum war er zur Tür heraus, schoß die Gestapo herein. «Was spricht der Krüger?» Ich mußte gleich umschalten: «Ach, der ist so traurig, daß er nicht mitkämpfen darf fürs Vaterland. Wegen seiner Frau lassen sie ihn nicht, da grämt er sich sehr.» Das war nicht ganz falsch, weil der Krüger wirklich partout in den Krieg wollte, am liebsten nach Frankreich. Wenn ich ihn verraten hätte, dann wäre er sofort weggeschleppt worden.

Die Gestapo-Menschen waren meistens keine aus der Gegend. Da war ein Rheinländer und einer von noch weiter her, die Sprache von denen war schon von Natur aus anders. Aber sie fühlten sich bei mir fast wie zu Hause. Diese Kerle waren immer hungrig, obgleich sie einen guten Posten hatten. «Was gibt es heute bei Ihnen, Frau Kondratavičiene?» Sie beschmusten mich und ich sie. «Na, gehen Sie zur Steffi in die Küche, und gucken Sie in den Topf.» Die Steffi, mein Pflichtjahrmädchen, war eine ganz helle und wußte über fast alles bei uns Bescheid. Sie bediente die Bande. Auf dem Rückweg kam der Lümmel wieder in den Laden und schnaufte noch mit dem Klops im Mund: «Ich sage Ihnen, Frau Kondratavičiene, wir können heute zusammen essen und trinken und gut Freund sein, aber wenn es heißt, Sie haben etwas gemacht und sollen festgenommen werden, sofort muß ich das machen.» Die guckten von ihrem Fenster sogar, was die Kinder taten. «Birutė, werde ein deutsches Mädchen. Sprich nicht litauisch mehr. Irena, spiele du nicht mit dem Judenbengel Hansi.» Besonders der Karsten, der war ein Hundertfünfzigprozentiger, der hörte nicht auf, uns zu piesacken. Eigentlich hieß er Schibrowski, er hatte sich umgetauft auf deutsch.

Es ist schrecklich in einem Grenzort, wenn du beide Sprachen kennst. Einer sagt, du bist deutsch, der andere sagt, du bist Litauer. Diese verlassen sich auf dich, jene wollen wieder was von mir haben. Und ich steh so zwischen zwei Feuern.

Die Unsrigen forderten auch ihren Teil. Damals habe ich zum ersten Mal mich als Litauerin gefühlt. Unter diesen Umständen konnte ich doch für die Deutschen nicht sein. Damals wollten viele Emigranten heimlich über die Grenze, Litauer meistens, die vor dem Bolschewismus geflohen waren. Mancher wünschte noch Speck zu holen von seinem Hof, denn er hatte Hals über Kopf alles liegen- und stehenlassen, und es war doch schon alles knapp. Oder sie hatten ihre Dokumente oder Wertsachen vergessen oder eingegraben vor der Flucht, oder sie wollten nach Verwandten forschen, die Stalin nach Sibirien gebracht hatte. Immer hieß es: «Geht zu Kondratavičius rauf, die werden euch über die Grenze helfen.» Konstantin ging mehr, aber oft ging auch ich.

Man mußte sich spätabends auf Schleichwegen nach dem Wald durchschlagen, dann einen Umweg machen weg von der Grenze und wieder zurück zu einem Bauernhof, wo ein Mann mit Namen Karvelis wartete. Er oder unser Freund Julius begleiteten den Betreffenden das letzte Stück Weges. Nur die Sventoje, ein kleiner Fluß, war von dort aus zu durchwaten. Längs desselben marschierten die Patrouillen, hier die Deutschen, drüben die Russen. Wenn sie außer Sichtweite waren, wurde unser Mann durchs Wasser über die Grenze geschubst. Schnell rüber, und jenseits waren auch Menschen, bei denen man unterkommen konnte.

Einmal kam eine Freundin aus Berlin mit ihrem litauischen Verlobten, der auch etwas zu Hause vergessen hatte.

Wir versteckten sie einige Tage in der Oberstube, bis wir alles ausgekundschaftet hatten. Es war vereinbart, sobald er über die Grenze ist, wird ein Schuß losgelassen. Ich führte ihn, und glücklich kamen wir zur Hecke, wo schon Julius nach uns Ausschau hielt. Zurück ging ich über die öffentliche Straße. Damals wußte ich nicht so richtig, in welcher Gefahr ich mich befand. Was, wenn die Gestapo mich gesehen hätte oder auch nur so ein einfacher Hitlermensch. «Was machst du spätnachts auf der Straße?» – «Ich bin spazierengegangen», hätte ich geantwortet und wäre womöglich nicht damit durchgekommen.

Mit der Freundin saßen wir am Fenster hinter der Gardine und warteten auf den Schuß. Endlich, nach zwei Uhr, fiel er. Es dauerte vielleicht zwei Wochen, da wurde der Julius verhaftet und nach Tilsit ins Gefängnis gebracht. Nachbarn oben vom Berge hatten doch etwas Verdächtiges bemerkt und Meldung gemacht. Wir haben den Julius nie wiedergesehen.

Der zweite Krieg war anders

Das Damoklesschwert hing immer über unserem Kopfe. Ich liebte das Leben und dachte immer: Menschenskind, du mußt doch helfen. Wir wollten doch alle, daß diese Zeit schnell zu Ende geht. Viele waren in Not, viele hatten irgend etwas auf dem Herzen zu schleppen. Weiß der Himmel warum, ich war eben waghalsig veranlagt. Nur der Konstantin, der mußte weg. Für einen litauischen Patrioten war Schmalleningken zu gefährlich. Du kannst noch so vorsichtig sein, plötzlich springt dir ein Wort heraus, und es ist aus.

Meine Mutter begab sich also aufs Arbeitsamt nach Tilsit und verlangte einen Arbeiter für die Landwirtschaft auf dem Bittehner Hof. Wie erwartet, hatten sie keine. Wegen dem Krieg waren die Männer rar, und Fremdarbeiter hatten sie damals noch nicht im Angebot. Und so gab sie einen gewissen Kondratavičius an, von dem sie um drei Ecken erzählt bekommen hatte, daß er frei sei. Es klappte, und so verbrachte mein Konstantin die letzten Jahre der Hitlerzeit bei meinen Eltern.

An Mittsommer 1941 kam der Krieg zu uns. Ich besinn mich noch genau, wie er ausbrach. Abends lagen vor dem Fenster die Soldaten, sprungbereit. Sie hatten Tarnkleider an und mahnten mich, in den nächsten Tagen auf die Kinder achtzugeben. «Paß auf, heute nacht um drei Uhr geht es los.» Es wurde schon hell, als die Schießerei losging. Abends kamen schon verwundete Soldaten zurück. Nachher ging die Front immer vor, immer voran, und wir blieben zurück und wirtschafteten weiter.

Nie im Leben werde ich das Geschrei vergessen in diesen ersten Tagen des Krieges. Ein Geschrei, ach Vater im Himmel, du konntest verrückt werden! Von jenseits der Grenze schrieen die Juden, sie schrieen, schrieen, von Jurbarkas und von all den kleinen Dörfern dorten. Sie haben sie zusammengetrieben. Sie mußten selber ihre Gruben graben, und dann wurden sie lebendig reingeschmissen. Auch unsere Schmalleningker Juden, die auf der anderen Seite Quartier bezogen hatten. Die Clara Berlowicz, von der wir das Haus gekauft hatten, war dabei. Ihre Schwester, die Frau Simon, die immer so lustig war wegen nichts. Sie hatten einen Tuchladen schräg gegenüber von uns und so ein liebliches Töchterlein, Ewa. Der Simon ist ein deutscher Krieger gewesen, hat viel gespendet für das Deutsche Reich. Das hat alles nichts gezählt. Von Schmalleningken mußten etliche

Beamte vom Zoll und von der Polizei mitschießen. Die wurden gezwungen, einfach abkommandiert und fertig. Einer, der zurückkam, hat alles erzählt unter Tränen. «Ich kann aus dem Verstand gehen. Ich bin schon ganz dumm davon.» Er hatte die kleine Ewa gesehen, wie sie vor die Grube geschleppt wurde. «Lauf weg, Mädchen, lauf, ich werde dich nicht sehen.» – «Nein», sagte sie, «wo meine Mutter ist, bleib ich auch.» Sie haben sich umfaßt und fielen zusammen ins Grab.

Viele Nächte kamen wir nicht zur Ruhe. Nicht damals, schon viel früher, genau weiß ich es nicht mehr, habe ich von Gerhard Fabian geträumt, dem Freund aus Jugendzeiten. Er kam hereingesprungen zu mir, nicht durch die Tür, sondern durch die Hauswand, als wenn er durchgebrochen wäre durch den Stein. Es staubte so, und er wandte sich mir zu. «Ich bin so in Not, Lena. Ich bin in großer, großer Not.» Morgens dachte ich, was wird nun passieren?

Dieser zweite Krieg war anders als der erste. Schon lange vorher konnten wir das spüren. Von meiner Mutter hatte ich gehört, der Gerhard war mit den Brüdern am Tag, als der Anschluß war 1939, nach Tauroggen geflüchtet. Vorher hatte er noch Andenken im Dorf verteilt. Für mich ließ er einen silbernen Serviettenring zurück. Dem Kurt seine Frau Cläre, die Tochter von Gutsbesitzer Merkel, war auch mit rüber, sie und die Zwillinge, die noch klein waren. Die Beamten an der Grenze sollen noch gesagt haben: «Bleiben Sie doch hier. Sie sind doch eine richtige Deutsche. Ihnen wird man nichts tun.» Da hat sie geantwortet: «Ich bin viel zu deutsch erzogen, daß ich, wenn mein Mann in Not ist, ihn im Stich lassen würde.» Auch Tauroggen lag gleich hinter der Grenze, genau wie Jurbarkas.

Einer von Bittehnen hat sie zufällig noch einmal gesehen, in jenem Sommer 1941, den Gerhard, den Kurt und den

Ludwig Fabian. Sie gingen voran, hinter ihnen Bewaffnete. Wie sie so die Chaussee entlangliefen und der Bittehner ihren Weg kreuzte, knöpfelte der Gerhard schnell die Hosenträger herunter. «Hier, Paul, nimm sie. Wir gehen den letzten Gang.»

Auf dem Schmalleningker Judenfriedhof haben sie später ein Lager für kriegsgefangene Russen aufgerichtet. Man durfte sie nicht ansehen, man durfte kein Mitleid zeigen. Einmal ging ich mit der Ina dort vorbei. Wir nannten sie immer Ina, sie war vielleicht drei. «Wein nicht, Muttichen», sagte sie. Ich mußte weinen und sie auch.

Der Krieg hat mich wahrscheinlich gerettet. Seitdem hatte die Gestapo viel anderes zu tun. Mit der Grenze wurde es lockerer, und dahinter, in den eroberten Gebieten, brauchte man Kräfte für die Ämter. Wir lebten ruhiger, ich mußte die Kinder nicht immer an die Leine nehmen. Jetzt warteten wir, wie lange es dauern würde. Wenn es eine Gerechtigkeit auf Erden gab, mußte das dicke Ende kommen. Nur wann? Sobald die Luft rein war, haben wir Radio gehört, BBC London oder Moskau. Die hatten Mädchen dort, die sprachen tadellos deutsch. «Alle werdet ihr zur Verantwortung gezogen», sagten sie jedes Mal nach den Nachrichten. Nachher war an jedem Apparat eine Tafel angebracht. «Wer Feindsender hört, wird mit dem Tode bestraft.» Mit der Frau Paulikiene, einer Flüchtlingsfrau aus Litauen, hockte ich oft davor. Nach der Hofseite hin war es am sichersten, Tuch drüber, und dann krochen wir mit dem Ohr hinein.

Eines Tages klopfte es, bum, bum, bum, sehr laut, fast wie ein Erdbeben. Die Paulikiene drehte schnell aus. Es gab so einen Ziepton. Und die Nachbarin polterte herein. Sie war so eine große Frau, ging bis zum Balken. Sie kniete sich auf die Schwelle hin und lachte: «Ach, ich wollte euch bloß überfallen.» Tat so, wie wenn sie nichts gehört hätte und alles nur Spaß wäre. Aber sie fragte mich immer wieder die ganzen Jahre, ob ich etwas wüßte von der Front. Niemals hab ich es zugegeben. Womöglich war sie nicht echt, das konnte keiner wissen. «Ich hör nicht, ich hör nicht», sagte ich. «Ich hör auch nicht», sagte sie. Die hatten ein Geschäft mit Ausschank, wo fast immer Menschen waren, da war es schwieriger. Es geschah auch, daß sich einer verplapperte. Du konntest noch so vorsichtig sein, einmal sprang doch ein Wort heraus.

Der katholische Pfarrer aus Wischwill zum Beispiel, der schien alles zu wissen. Wenn der zu uns kam, machte er immer so Andeutungen: «Soundso viele Deutsche stehen da und da unter Waffen» und so weiter. Mit dem hab ich mich nachher zusammengetan. Der hatte immer deutsche Offiziere zu Besuch, und die wollten natürlich Schnaps trinken. Bei ihm war es zu gefährlich, deshalb haben wir in meiner Kammer alles aufgestellt. Zwei Zylinder, in dem einen war Erde, Sand, Kohle oder ich weiß nicht was, und dann haben wir beide gebraut in der Nacht. Der Schnaps war schön klar und schmeckte nicht übel. Der Pfarrer tat noch Nelken rein oder Honig. Kräftig eingeschenkt bei Bedarf, und du konntest dir manche Freiheit erlauben. Einige Male wollten die Offiziere dem Gottesmann sein Auto beschlagnahmen. Er gab ihnen zu trinken, und sie ließen es ihm. Mit dem Auto hat er mich bisweilen nach Bittehnen kutschiert, ganz fein, zu meinem Mann. Später ist er damit geflohen.

Aus Deutschland habe ich nach dem Krieg noch einen Brief von ihm bekommen, aus der DDR. Darin schrieb er, daß er sich mit den Sachsenmenschen nicht zusammenringen kann. Die sprachen ihr Platt, und das verstand er nicht, und die hatten angeblich keinen Humor.

Gretes Hochzeit

Mein Bruder Arthur ist bei Moskau gefallen, der Pflegebruder Walter in der Schlacht von Stalingrad. Arthurs und Walters Tod hat mir das Leben gerettet. Daran glaube ich, auch wenn das vielleicht eine Sünde ist. In allen Situationen, wo jemand mich verdächtigte, konnte ich immer sagen: «Unsere Familie hat zwei Männer für das Vaterland gegeben.» Dieser Satz war wie ein schützender Schild.

Im Sommer 1944 war in Schmalleningken der Kanonendonner schon deutlich zu hören. Kurz vor der Roggenernte hieß es, wir müssen alle raus. Wer zurückbleibt oder sich versteckt, wird erschossen ohne Pardon. Ich ließ alles stehen in unserem Laden. Was ich konnte, hab ich noch vergraben. Die Kleinbahn fuhr noch, aber bloß bis Polompen. Bittehnen, Bittehnen, komm näher! Mein Kopf und meine Füße brannten. Unterwegs mußte ich mich immer wieder auf die Erde werfen, damit die russischen Tiefflieger nicht sahen, daß da unten wer rennt. Am Ende sind sie schon abgefahren, und ich bleibe alleine stehen, dachte ich. Birutė und Irena waren schon ein paar Wochen bei den Eltern auf dem Hof. Als ich spätnachts dort ankam, lud mein Mann gerade die Federbetten auf. Die zwei Wagen waren fast fertig. Wir waren sieben Menschen: wir vier, meine alten Eltern und Walters Frau, die Eva, war uns noch zugeteilt worden. «Seid ihr immer noch nicht fertig?» Die Ortspolizei drängte.

In der ersten Nacht bogen wir nur um die Ecke, hinter dem Kirchhof, ab und dann noch einen Kilometer weiter. Wir lagen an der Memel, ungefähr gegenüber von Ragnit. Dort war der Roggen schon abgehauen und aufgestellt. Wir schliefen im Getreide, das duftete, aber wir schliefen schlecht. Morgens holte uns die Fähre über nach Ragnit. Dann zogen wir ein Stückchen weiter nach Jonienen zu unseren Verwandten. Dort hatten sie noch keine Parole zum Fahren, und so blieben wir bei ihnen auf Quartier. Weil es ruhig war, kehrten die Eltern und Eva wieder zurück zum Roggeneinbringen. Ein Viertel von allem haben sie noch vollbracht.

Dann haben wir dem Onkel in Jonienen geholfen, sein Getreide zu retten. Es waren doch keine Arbeitskräfte mehr, die hatten sogar kleine Jungen zum Gräbenschippen abkommandiert.

In diese Zeit fiel die Hochzeit von Grete. Sie hatte einen Soldaten, der stand in Norwegen. Der hatte versprochen, dann und dann kommt er, sie sollen alles vorbereiten. Seitdem hatte die Tante gesammelt. Gänsefett, Butterschmalz, Zucker, Eier und was weiß ich. Von allem war da, obwohl Krieg war. Wir haben mit mehreren Frauen gebacken. Die Tante sagte: «Schont nichts, spart nichts! Wir wollen noch einmal alle schön zusammensein.» Viele Verwandte hatten ihr Geschirr mitgebracht. Der Tisch war gedeckt wie noch nie.

Es fehlten nur noch die Pfannkuchen. Cousine Erika und ich teigten an, setzten den großen schweren Kessel mit dem Fett auf. Es wurde heiß, es wurde immer heißer. Wir legten einige Teilchen hinein. Da begann das Fett zu schäumen, du lieber Himmel, und stieg über Bord. So wie Bierschaum lief es runter über den Herd in die Küche. Der Henkel von dem Topf war glühend, du kamst da nicht ran. Die Pfannkuchen stiegen auf und fielen über Bord auf die Diele. Wir konnten uns nicht halten vor Lachen. Das ging immer «taksch», nach einem Weilchen «taksch», der nächste. Die Erika fischte einen vom Boden auf, beinahe hätte sie sich die Füße verbrannt, und biß hinein. «Aber die schmecken, die Kröten!» Als wir die Kröten dann so wunderschön auf dem Tisch stehen sahen, mußten wir wieder lachen. Niemand wußte, warum.

Der Polterabend war da. Die Tante gab der Erika und

mir die Bettwäsche für das junge Paar raus. Wir sollten das Hochzeitslager in der Sommerstube richten. Der Bräutigam war immer noch nicht da. Langsam wurde die Grete nervös. Sie schloß sich ein in ihrer Kammer. Wir konnten pochen und betteln, soviel wir wollten. «Komm doch heraus!» Auch die Mutter bat. Grete kam nicht. Vielleicht hat sie geweint, vielleicht hat sie gebetet. Der Polterabend verstrich, und am anderen Morgen stürmte sie heraus.

«Ich fahr nach Ragnit zum Friseur!» Zu Hause hatte sie keine Ruhe, das war verständlich. Sechs Kilometer mit dem Fahrrad, das war nicht weit. Aber die Braut auch noch weg, was sollte das werden? Die Grete flitzte vom Hof, um den Gartenzaun herum, und verschwand hinter den Haselnußbüschen. Mit einem Mal hörten wir sie schreien: «Werner, noch einmal heirat' ich nicht im Krieg!» Als ob der Werner schuld gehabt hätte, daß Krieg war oder daß sie jetzt unbedingt heiraten muß.

Werner war da, uns fiel allen ein Stein vom Herzen. «Wenn jetzt bloß kein Bombardement kommt!» Dann stand der Hochzeit nichts mehr im Wege. Erika und ich streuten dem Paar noch Hagebuttensamen auf die Laken. Der Bräutigam stellte Likör und Süßes auf das Nachtschränkchen. Dann jagten wir mit den Wagen zur Kirche. Mit der Trauung ging es schnell. Das Festessen dauerte länger. Getanzt wurde nicht, auch nicht gesungen. Alle waren ernst, alle waren ängstlich. «Schwägerin», sprach der Werner zu mir, «um 12 Uhr bringst du mir die Grete ins Sommerhaus.» Schon vor Mitternacht verschwand die Braut in die Gemächer. Ich nahm den Werner am Arm. «Komm!» Meine Stimme zitterte, wegen dem Juckpulver auf dem Laken. «So, Grete, hier hast du deinen Gatten. Jetzt schlaft wohl, und morgen früh steht ihr munter wieder auf. Gute Nacht und alles.» Auf Wiedersehen sagte ich nicht.

Bevor die Jungvermählten morgens aufstanden, nahmen wir, die Cousinen und ich, unsere Räder und fuhren über Ragnit zurück nach Bittehnen. Die Fähre ging wie normal, die Russen waren wie verschwunden. Wir kamen verschwitzt zu Hause an, unser Herz klopfte. Von da waren es noch zwei Wochen. Es war ruhig. Altweibersommer, Kartoffelzeit. Wir guckten den Spinnweben nach, die durch die Luft flogen, und lauschten. Das Wasser der Memel war warm, wir hätten noch baden können.

Die Grete habe ich nicht wiedergesehen.

Flucht

Der Oktober kam, wieder wurde zum Aufbruch geblasen. Diesmal waren die Straßen schon voll mit Flüchtlingen. Tagsüber fuhren wir, abends machten wir irgendwo Quartier. Eva und ich hatten die Fahrräder mit. Jeden Nachmittag sprengten wir beide los, ab durch die Menge, an den ganzen Karawanen vorbei, und suchten einen Platz, wo wir nachts unterschlüpfen konnten.

«Haben Sie etwas für zwei Fuhrwerke und sieben Menschen?» Mal sagte der Bauer: «Ja, kommt zu mir», und nahm uns alle mit. Da haben wir die Nacht herrlich in Betten geschlafen und am großen Abendbrottisch gesessen. Vater und mein Mann blieben meistens auf dem Wagen und paßten auf die Pferde auf. Im fremden Stall werden die Tiere leicht unruhig, sie hätten sich verletzen können.

Anderntags wieder, ich glaube der Ort hieß Königsblumenau, hatten wir weniger Glück. So ein Mistwetter war, die Wege waren ausgefahren und dreckig. An dem Hof, wo wir landeten, putzte die Hausfrau gerade die Treppe und schimpfte: «Von dem Scheiß ist schon die ganze Stube voll!» Mir tat das Herz weh. Ich sagte: «Ich hab zu Hause auch Treppen gelassen.» Diese Frau wußte noch nicht, daß sie auch bald fliehen mußte. Ich sah die aufgewischten Stufen, alles war so schön, wie es am Samstag sein mußte. Auf dem Fensterbrett standen drei Bleche mit Streuselkuchen. Gott sei Dank trat der Mann in diesem Moment aus der Tür. Der schnitt den Kindern gleich ein großes Stück ab und zeigte uns, wo wir übernachten konnten. So wechselten die Nächte. Einmal schliefen wir großartig, konnten uns mit heißem Wasser waschen. Oft lagen wir im Schweinestall auf Stroh und waren glücklich, daß wir eine Bucht leer fanden. Wo Platz war, füllten sie die Flüchtlinge rein.

Durch ganz Ostpreußen sind wir, die Namen und Reihenfolge der Orte habe ich vergessen. Je westlicher wir gelangten, desto mehr Menschen waren auf der Chaussee. An der Dirschauer Brücke war Stau. Plötzlich riefen deutsche Soldaten: «Die Brücke ist untermint. Und wenn wir den Befehl bekommen, sie zu sprengen, dann müssen wir sprengen, ob ihr da oben seid oder nicht.» Vater im Himmel, wir waren schon auf der Brücke. Es ging nur im Schneckentempo vorwärts. Abends erst waren wir runter. In einem leeren Haus bezogen wir ein Strohlager. Nachts wurde heftig bombardiert, aber uns passierte nichts. Schnell, immer schneller mußten wir weiter. Es schneite schon. Den Pferden bluteten die Hufe. Mama konnte das kaum ertragen. Auch Vater litt um unsere Trakehner.

So erreichten wir Westpreußen, den sogenannten polnischen Korridor. Dort war es noch gefährlicher, weil man nicht wissen konnte, wie die Ansässigen zu einem standen. Im Krieg hatten die Deutschen dort alles beschlagnahmt. Jetzt rächten die Polen sich an den Flüchtlingen. «Fort mit euch, wir wollen euch nicht haben.» Birutė und Irena froren sehr. Ein Rad am Wagen war zersprungen. Schließlich erreichten wir ein großes Gut, Wolmko oder so ähnlich hieß es. Da starb gerade zu dieser Zeit die alte Großmutter. Wir Flüchtlinge haben ihr das letzte Geleit gegeben. Auf diesem Gut lagen wir mehrere Wochen. Mein Konstantin bekam hier den Ischias, so eine Art Nervenentzündung. «Na weißt du, jetzt wirst du noch krank unterwegs.» Ich war ärgerlich, ich war ungerecht. Immerhin hatten wir noch einen kräftigen Mann dabei. Meistens waren die Frauen allein mit Kindern und Greisen. Im Gutsbezirk hatten sie eine Schnapsfabrik, und ich bat mir ein Kännchen Spiritus ab. Damit machte ich Konstantin Umschläge.

Viele, viele Flüchtlinge lebten mit uns, die einen von hier, die anderen von dort. Auch Einquartierung war da, jede Menge Soldaten. Unsere Familie lag in einem großen Saal mit einem langen Eichentisch. An den Wänden waren Lichthalter angebracht und solche Ahnenbilder in schweren Rahmen. Ich hatte immer Angst, wenn bombardiert würde, daß die Bilder mir auf den Kopf fliegen.

Die Soldaten waren alle immer sprungbereit. Vorwärts, an die Front, in die Attacke gehen, das kam schon nicht mehr in Frage. Immer zwei saßen am Funkapparat, sie hörten ständig ab. Wenn ihnen durchgesagt wurde: «Weitermachen», dann ließen sie alles stehen und liegen und zogen weiter ins Reich. Den nächsten Tag kamen andere Soldaten von Osten, und wieder das gleiche Spiel.

An einem Abend kriegten sie gerade ihre Zuteilung, auch reichlich Alkohol. Dann haben sie in dem Saal gefeiert. Ein Frank spielte Klavier. «Frank, spiel was Verrücktes!» Zwischendrin rief immer der Mensch vom Funkgerät, wie weit die Front noch war. Was ist und wie die neue Parole der Führung lautete. Wir ruhten da an der Wand, auf dem Lager unter dem großen Bild. Die tafelten und tranken. Die Kinder schliefen ein, die Eltern schliefen, auch Konstantin, nur ich blieb wach. Ich lag an der Seite zum Saal hin. Auf einmal kamen die Soldaten. Einer nach dem anderen kniete an dem Bett nieder, jeder erzählte mir von seinem Zuhause. Das waren sicher alles Katholiken. Einer erzählte von seiner Not und den Verwundungen. Ein anderer hat sich beklagt, seine Frau hätte sich mit einem anderen eingelassen, deshalb möchte er nicht mehr leben. «Wenn wir schon sterben müssen, dann wollen wir auf dem Heimatboden sterben», sagte einer, der älter war. «Das ist leichter.» Alle haben so etwas wie eine Beichte abgelegt. Als wären sie im Beichtstuhl und müßten sich bekennen. Ich habe mir das die ganze Nacht angehört. Dann zogen die Soldaten weiter. Sie mußten ja noch Berlin verteidigen. Der Krieg war noch nicht zu Ende.

Mein Mann wollte immer, daß wir auf die Halbinsel Hela fahren. «Da sind Bekannte. Du, fahr dort hin. Hier werden sie uns bald überfluten.» So krank wie er war, sorgte er sich sehr. Meine Mutter dagegen wollte sofort nach Hause. «Da haben wir es warm, da kann es nur besser sein als hier.» Bevor wir überhaupt etwas tun konnten, waren wir eingekesselt von den Russen. Wir konnten nicht mehr vorwärts, nur noch zurück. Auf der einen Seite der Straße rollten wir ostwärts, auf der anderen kamen uns die Tanks entgegen. Unterwegs spannten die Russen unsere guten Pferde aus. Wir fingen uns welche von der Wiese, die schon kaum mehr weiterkonnten und sich in der Armee erschöpft hatten. Meinen Mann nahm die Rote Armee auch mit. Er sollte ihnen siegen helfen. Weil er doch Litauer war, meinten sie, sie hätten Anspruch auf ihn.

Die Russen benahmen sich schon wie die Sieger. Einmal lagen wir in einem Schweinestall. Die ganze Nacht schossen sie, die Flugkörper zischten nur so über das Haus:

«Jiiiiihhhh», wenn ich das hörte, warf ich mich über Irena und Birutė. Plötzlich ging die Tür auf. Ein Russe drückte mir ein Weckglas in die Hand. «Dai deti. Gib den Kindern.» Er hatte die Sülze aus unserem Wagen gestohlen und hatte vielleicht ein schlechtes Gewissen. Das fand ich sehr kameradschaftlich, daß er sich an uns erinnerte. Wir hatten immer Angst vor den Soldaten.

Irgendwo war ein Saal, ein Gemeindesaal oder so etwas, wo viele Flüchtlinge zusammengelaufen waren. Ein dreckiger, schäbiger Russe stürzte herein, er hatte einen blutigen Verband um den Kopf. «Alle Frauen in die Kommandantur!» Ich nahm die Ina auf den Arm. Sie klammerte sich um mich. «Wir sind litauische Flüchtlinge», sagte meine Mutter immer, «wir sind keine Faschisten.» Es war ein Glück, daß sie vom ersten Krieg Russisch konnte. So ließen sie uns stehen. Aber unsere Eva, die Witwe meines Pflegebruders, nahmen sie mit. Ich hab sie nicht gefragt, was da war. Sie kam zurück und schwieg. Die war robust, etwas älter als ich. Eva ging immer mit, wenn es sein mußte. Sie war mein rettender Schutzengel. Ich kam dann nicht dran, wenn das Schlimmste gemacht wurde. Später verloren wir sie ganz. Sie meldete sich nach vielen Jahren aus Amerika wieder.

Als wir an diesem Morgen den Gemeindesaal verließen, lag das Geld auf der Straße. Du konntest es einsammeln, aber wer sollte mit den Reichsmarken noch etwas anfangen? Aus unserem Wagen war das Radio genommen. Ein verwundeter russischer Offizier hielt es fest. Er stöhnte und jammerte, aber das Radio wollte er unbedingt haben. Solche Sachen hatten noch Wert.

«Damoi, damoi», sagten die Russen. «Geht nach Hause.» Das war ein Befehl, und wir wollten auch nach Hause. Niemand konnte wissen, wie lange der Krieg noch dauern würde. Wer ahnte damals schon, daß Moskau die Hand ausstrecken würde über die Memel? In Preußisch Eylau war ein Auffanglager, dort blieben wir vier Wochen. Da waren Baracken und allerhand Volk, waren Russen und Deutsche und Litauer und Polen und was nicht alles. Jeden Morgen mußten wir die Läuse rausgrabbeln. Am Fußende von unserer Pritsche lag eine Ukrainerin mit ihrem Iwan, einem Jungen von zehn, elf Jahren. Der nahm immer die Läuse und schmiß sie auf den Boden. «Du mußt sie totmachen, Iwan! Mach sie doch tot!» Ich versuchte, ihn zu beeinflussen, ohne Erfolg. Das war schrecklich.

Täglich mußten wir gehen, die Stuben säubern. Da fand ich ein Buch in deutscher Sprache: «Quo vadis?» Das war ein Fund für mich, ich war glücklich. Nachher säuberten sie ohne mich. Ich band mir ein Tuch um den Hals, legte mich ins Bett mit meinem Buch. Wenn der Russe kam, stöhnte ich «ja bolnoi, bolnoi.» – «Ja, wenn du krank bist, dann bist du eben krank.» Die Russen nahmen das nicht so genau. «Quo vadis?» handelte von den Negern, von Palästina, von dieser Jerusalemzeit und der Christenverfolgung – ein sehr berühmter Roman. Das wußte ich schon von zu Hause, aber er war mir nie unter die Finger gekommen. Dieser Neger hatte sich der Mission angeschlossen. Er und seine Mitkämpfer versteckten sich immer in den Katakomben, die hatten keine Angst. Da hatte ich was, das Buch war für mich «Öl up de Seel», wie man sagt.

Viele gute Menschen hab ich getroffen im Lager. Zum Beispiel ein russischer Offizier, der liebte unsere Ina. Sie war vier, ein wirklich schönes Mädchen, das überall auffiel. Vielleicht hatte der Russe selbst so eine Tochter in seiner Heimat. Er brachte der Ina immer seinen Zucker. Oder von der Küche eine Bulka, so ein kleines Brötchen, was er gerade ergattern konnte. «Dai malinka. Gib es der Kleinen.» Später half er uns, als es ans Registrieren ging. Ein Schub Litauer reiste nach Hause. Auf den Listen, die aufgestellt wurden, waren nur meine Eltern drauf und die Kinder und ich nicht. Unser russischer Offizier sorgte für uns. «Steig ein in den Waggon. Sage: Eltern fahren, Kinder auch.»

So fuhren wir, aber nur die Eltern hatten eine Zuteilung an Brot. Ein Viehwaggon war das, vollgestopft. Jeder saß auf seinem Bündel. Einen Tag dauerte es und eine Nacht, dann hielten wir auf litauischem Boden. In Kaunas stiegen wir ab, gleich wurden wir in die Wanne geschickt zum Baden und Desinfizieren. Nachher fuhren wir auf eigene Faust weiter. Auf den Bahnsteigen standen viele Züge, einer nach da, einer nach dort. Auf einem stand geschrieben «Telšiai». Und wie ich das so schnell las, kam mir das vor wie «Tilsit». Schnell kletterten wir auf die Plattform rauf mit unseren Pungels. In Schaulen erst haben wir gemerkt, was los ist. Also umsteigen, wieder rauf auf einen Zug, alles festhalten, schön zusammenrücken. Wir kamen bis Pogegen, fünfzehn Kilometer vor Bittehnen. Dort kannten wir uns schon aus. Schon kamen die Russen: «Uhr, Uhr.» Ich antwortete: «Uhr zappzarappzapp. Längst weggenommen.» Das stimmte nicht ganz. Der Vater hatte seine noch, er hat die Uhr immer in die Socken gesteckt.

Es war schon Abend, und wir brauchten eine Unterkunft. «Was wollt ihr? Geht bei eurem Hitler!» kriegten wir zu hören. Ich sagte: «Der Hitler ist nicht mehr da. Wo sollen wir denn hin?» Irgendwo in eine kleine Stube hat man uns schließlich reingelassen. Am anderen Morgen fuhr ein Mann mit einem kleinen Wagen nach Willkischken raus. Den baten wir, uns bis Lompönen mitzunehmen. Dort, auf einem Gehöft, suchten wir wieder einen Wagen. Die Ina war zum Laufen zu schwach, und das ganze Gepäck konnten wir auch nicht schleppen. «Was seid ihr zurückgekommen?» schrie die Frau uns an, «konntet ihr nicht bei eurem Hitler bleiben?» Dann gingen wir von einem zu anderen, nichts zu machen. Ein Schneider hatte am Ende Erbarmen. Er spannte an, und er versprach auch noch, mir eine Nähmaschine zu besorgen. Deswegen, weil wir doch von unseren guten Kleidern fast nichts mehr nach Hause brachten.

Der Wagen fuhr langsam, es war schlammig wie immer um diese Jahreszeit. Die Kinder und ich sprangen schon am Anfang des Dorfes herunter und liefen, so schnell wir konnten, in die Paradiesstraße. Von Kellotats Seite kamen wir. Da war die Scheune davor, da konnte man nicht durchsehen, wie der Hof aussieht. Die Augen waren groß auf, das Herz schlug. Steht das Haus noch? Hauptsache, das Haus steht! Alles andere ist nicht so wichtig. Dann bogen wir um die Scheunenecke: Das Haus stand. Am 30. April 1945 waren wir wieder zu Hause.

Wieder zu Hause

Das Haus war verwüstet. Die Fensterscheiben waren draußen, auch die Rahmen. Die Haustür war ausgerissen. Innen war nichts mehr, keine Möbel, nichts, nur Stroh und Dreck. Aber wir hatten ein Dach über dem Kopf.

Wieder hatten wir Glück. Am anderen Ende des Hauses waren zwei Russen einquartiert. Und im Stall standen fünf Kühe, die die beiden versorgen mußten zur Verpflegung des Militärs. Bei Jankus im Haus saß nämlich ein Trupp Soldaten stationiert. Gleich bot sich Mama auf russisch an, die Kühe zu melken und die Milch zu schleudern. «Schlaft ihr nur am Morgen, ich werde das tun für euch.» So hatten wir auch Milch. Iwan, so hieß der eine, brachte unserer Ina sogar

Sahne ins Haus. Die war schon so abgekämpft und heruntergekommen, daß ihre Füße sie bald nicht tragen konnten. Durch die Sahne kam sie wieder hoch. Das war ein guter Anfang: Die Soldaten waren zufrieden mit uns, wir waren zufrieden mit den Soldaten.

In der Scheune lag noch der Roggen, den die Eltern vor der Flucht eingebracht hatten. Dreschflegel waren von alters her geblieben. Der Vater erinnerte sich, daß an der Stallwand unter dem Efeu Mühlsteine eingemauert waren. So hatten wir auch Korn. Als wir zwei oder drei Sack zusammengescharrt hatten, kamen Litauer vorbei. Sie nahmen unser Korn und fuhren es ab. Wer sie waren, weiß ich nicht. Uns blieb nur ein kleiner Rest. In der Dämmerung stöberten wir im Dorf herum. Bei meiner Tante Anna im Keller waren noch Kartoffeln. Allerdings lagen sie im Wasser und waren schon fast faul. Mutter kochte immer so allerhand Suppen zusammen. Wenn wir die gegessen hatten und zum Tor hinausgingen, wollten wir schon wieder essen.

Sehr bald wanderte ich mit Birutė nach Schmalleningken, nach unserem Haus sehen, ob es noch dasteht oder zerbombt ist. Vielleicht würden wir da irgendwas kriegen oder Bekannte finden, die von früher zurückgeblieben sind. Wir gingen von morgens bis abends. «Ich zwing es nicht. Kannst du noch weiter?» fragte ich die Tochter. Wir gingen immer barfuß auf der Seite der Straße, die Schuhe um den Hals gebunden. Wenn ich heute nachts nicht schlafen kann, dann bin ich auf der Reise. Dann bin ich bald hier, bald da. Dann denk ich an diesen Menschen, dann denk ich an jenen Menschen.

In Wischwill übernachteten wir im ehemaligen Pfarrhaus, wir kletterten einfach oben auf den Heuboden. Von dort sind es fünfzehn Kilometer bis Schmalleningken. Unser Haus war gründlich ausgeräumt, alles blank, Keller,

Stuben, Dachboden, der Laden. Ein paar Fotografien waren noch verstreut, die lasen wir auf. Schräg gegenüber, bei der Frau Morauskas, durften wir schlafen. Mitten in der Nacht, wir lagen schon in den Betten, war Schießerei. Bums, bums, bums, bums. «Gott, ach Gott», betete ich, «nun geht der Krieg wieder los, und ich bin nicht zu Hause.» Dann hörten wir: «Woina konschila, woina konschila!» Und wir begriffen, das war das Kriegsende. Alle, alle waren glücklich. Was weiter kam, konnte keiner übersehen. Aber der Krieg war aus.

Gestärkt zogen Birutė und ich nach dem Frühstück los. In Jurbarkas entdeckten wir alte Bekannte, wie wir gehofft hatten. «Weißt du», schlug mir der Mann vor, «bei mir steht eine Kuh im Stall, die hat ein Flüchtling dagelassen. Nimm sie. Ich brauch sie nicht. Aber versprich mir, wenn diese Menschen wiederkommen, daß du dann die Kuh zurückgibst!» Die Kuh war groß und schön. Wir führten sie am Strick die ganze lange Strecke nach Bittehnen. Nur geh mal mit so einem Stück Vieh! Menschenskinder! Sie wollte grasen, sie mußte käuen. Sie hatte ihren eigenen Kopf auch noch. Wenn ein Wagen in dieselbe Richtung rollte, banden wir sie hinten fest und machten es uns bequem. Nach ein paar Metern schrie ich: «Halt! Langsam! Die Kuh wird uns kaputtgehen.» Warum sollte der Kutscher unseretwegen langsamer fahren? Also marschierten wir, bis wieder ein menschlicher Wagen kam, daß wir ausruhen konnten. Wieder geriet die Kuh außer Atem.

Wie wir mit ihr endlich auf dem Hof waren, war die Freude groß. Mama fiel der Kuh um den Hals und weinte. Von der Reise war sie die ersten paar Tage krank und gab auch wenig Milch. Nachher fing sie sich. Wir hatten sie ein paar Jahre. Später, als schon der Sowchos war, nahmen sie eine Blutprobe von ihr und stellten fest, sie hätte Brucellose. Der Tierarzt ließ uns keine Ruhe, wir mußten sie schlachten. Da habe ich geheult in der Stube. «Jetzt bist du wieder ohne Kuh, ohne Milch.» Es war Sommerzeit, und wir haben das Fleisch nach Tilsit verkauft an ein Lokal.

Mit der Zeit kamen etliche Bittehner zurück. Wir waren die ersten gewesen. Dann tauchten die Lisbeth und die Cläre auf mit zwei Töchtern. Sie richteten sich im Fabianschen Geschäftshaus ein, aus dem der Cläre ihr ermordeter Mann stammt. Trude Ennulat war und ein Kosgalwies und die Betty Krüger und noch ein paar. Der Pillkuhn kam von der Kriegsgefangenschaft aus der englischen Zone. Und der Rudi Grigoleit, das war der Sohn von Vaters Cousin aus Lompönen, den nahmen wir mit zu uns. Er war vielleicht zwölf und ganz allein.

Manchmal, in den ersten Monaten, tauchten von irgendwoher Bittehner auf. Es schien, sie suchten etwas oder jemand, und wenn sie nichts fanden, verschwanden sie wieder ohne Abschied. Eine Frau Domat war, die hatte ein Kind, das auf der Flucht umgekommen war. In der Nacht hörten wir sie, wie sie zwischen den Häusern umherging und Wiegenlieder sang. Sie war völlig aus dem Verstand. Wo sie dann geblieben ist, weiß man nicht. Da waren viele solche Geschichten nach dem Kriege.

Das Dorf wurde ziemlich schnell wieder belebt. Aus Litauen kamen viele und siedelten sich in den leeren Häusern an. Das waren meistens «Buožė», reichere Bauern, die hatten Angst, die waren gegen das Regime. Deshalb liefen sie aus der Heimat und versteckten sich bei uns. Schon damals ging das los mit dem Sibirien. Wer auffiel, wurde in den Transport gesteckt. Diese Bauern waren gute und intelligente Menschen. «Akademie» haben wir unsere Ecke getauft zum Scherz. Nach einer Weile, als sie meinten, die Gefahr könnte vorüber sein, verschwanden die Neuen wieder. Andere kamen zu uns, und die waren meistens nicht so gut. Nicht

Lumpen, aber solche waren doch auch darunter. Das waren welche, die vorher nichts hatten, die dachten, jetzt könnten sie auf leichte Weise Besitzer werden. Einige waren vor dem Krieg bei den deutschen Gütern in Dienst gestanden, und sie hatten anscheinend gehört, da ist jetzt keiner mehr von den Herren.

Für die Bittehner Häuser war es gut, wenn einer sie in Besitz nahm. Bei Kellotats nebenan war es leer, da haben sie alles abgebrochen und anderweitig verbraucht. Auch Ballnus' Hof erging es so. Erst wohnten da noch der Max Kukat und seine Aldonna. Aber als die ausreisten, ging dort auch alles seinen Gang. Der brauchte Bretter, ein anderer brauchte Ziegel, ein dritter einen Grabstein, und dann verschwand alles. Von weit her waren manche, bis nach Szameiten oder Kaunas, wird erzählt, sollen sie unser Bittehner Hab und Gut geschleppt haben. Das war eine schreckliche Unordnung. Abends, wenn es schon dämmerte, du sahst die Menschen kaum noch, du sahst nur die hellen Balken. Der eine bewegte sich hierhin, der andere glitt dorthin, wie wenn sie schwimmen würden durchs Dorf.

Nachts klopfte es oft an der Haustür. Wir hatten sie immer mit einem Pfahl von innen verrammelt, einbrechen konnten sie nicht. «Gib Essen!» Sie forderten, sie hatten Gewehre. Ich bettelte immer nur: «Wir haben kleine Kinder, geht woandershin.» Meine Mutter führte die Verhandlungen. «Söhnchen, ich werd euch ein Stückchen Brot geben.» Sie regelte das und erreichte, daß sie uns nichts taten. Kaum ein Tag verging ohne diesen Besuch. Wir mußten teilen, ob wir wollten oder nicht. Einmal waren es litauische Partisanen, ein andermal versprengte russische Truppen, auch Deutsche geisterten noch im Lande herum. Man wußte nie, was sie wollten und was sie in dieser Gegend trieben. Andernorts haben sie getötet. Wenn die einen deinen Bruder erschlagen haben, haben die anderen gelauert, wer geht die Leiche abholen. Deshalb haben viele auf der Straße gelegen, bis sie stanken. Nicht bei uns, wir hatten nicht so viele Wälder. Unsere Gegend war nicht günstig für deren Kampf. Bei uns reisten sie nur durch und schnell wieder weg.

Eines schönen Tages erschien ein Kommandant von Pogegen. «Ihr müßt raus. Wo Soldaten sind, darf kein Zivilvolk sein.» Kurz und bündig sprach er: «Wenn ich das nächste Mal komme, daß ich euch bloß nicht hier finde!» Ich glaubte, jetzt muß ich sterben. Wir hätten in ein anderes Haus gehen können, ein bißchen weiter. Doch dieses war unser. Nachts lagen wir auf der Diele, und ich weinte bitterlich. Die Kinder schliefen. Ob die Mama schlief, weiß ich nicht. Der Vater schlief. Der sorgte sich immer am wenigsten. Er wußte, Mama wird alles machen. Ich lag so und weinte. Mit einem Male, ganz dicht unter dem Fenster ohne Scheiben, fing eine Nachtigall an zu singen. Sie schlug, sie schluchzte, ich kann das nicht vergessen. Wie ein Bote erschien sie mir. Sie sang so lange in dem Fliederstrauch, bis meine Tränen aufhörten. Und ich betete: «Lieber Gott! Schickst du mir jetzt die Nachtigall zum Trost? Hilf fernerhin, hilf uns zu allen Stunden.» Da wurde ich ruhig. Schließlich muß man stark sein.

Am nächsten Tag kam der Iwan vom anderen Ende des Hauses, fragte: «Lena, patschimu plakala? Lena, stotakoi?» Ich sagte: «Plocha. So und so», erklärte ihm alles. «Sei still. Weine nicht. Heute ist der Kommandant hier, morgen ist er ich weiß nicht wo. Wegen uns kannst du bleiben, wir werden nichts sagen.» Natürlich, dem war schade, wenn er wieder hätte melken müssen. Das war der Ausweg.

Wir blieben. Auf einmal hieß es, das Militär wird ein Konzert machen. Der Kommandant kommt! «Versteckt euch! Daß euch keiner sieht», riet unser Iwan. Mit Birutė und Irena stand ich die ganze Zeit, während sie spielten, in Dilbas

Wäldchen, hinter einem Baum, von wo aus ich unseren Hof übersehen konnte. Iwan holte uns ab. «Der Kommandant ist weg.» Der Mann hatte uns vergessen.

Nachher schickten sie einen anderen Kommandanten, der war besser. Mutter freundete sich mit ihm an. Die beiden sprachen immer über Rußland und die russische Kultur. «Nitschewo, ni nada. Bleibt hier! Solange ich da bin, wird euch nichts passieren.» So hat er uns versprochen. Dann wurde er nach Königsberg verlegt, und er hat den Soldaten hier eingeschärft, sie sollen uns nicht antasten und nicht schrecken. War das nicht wieder ein Glück?

Wir hatten schon ordentlich angepflanzt den ersten Sommer, Kartoffeln und Gerste, rote Rüben und sogar Mohn. Wir arbeiteten fleißig, nur Konstantin fehlte noch. Meine Mutter sagte immer: «Sie haben ihn umgebracht. Ich glaube, er ist nicht mehr.» Und mir war immer so: «Er wird zurückkommen. Er weiß doch, daß da Kinder sind. Das weiß er doch.» Auf einmal kam so ein Soldat über den Hof. Er trug die Mütze mit dem roten Stern. Es war gegen Abend im Herbst 1945, die Sonne verschwand schon langsam. Wer ihn zuerst sah, die Kinder oder wer? Alle liefen, alle haben gelacht. Auch die Tränen kamen, nun war alles wieder gut. Das Militär hatte Konstantin freigegeben. Wir konnten aufatmen, wir fühlten uns sicherer. Einen Soldaten der Roten Armee mußte die Militärverwaltung respektieren.

Im Laufe der Zeit erzählte Konstantin so manche Anekdote, die er in Ostpreußen erlebt hatte. Erst mußte er dolmetschen, hauptsächlich war er mit den Aufräumarbeiten beschäftigt nach dem Ende des Krieges. Da hat er sich immer amüsiert über die Russen, was die so alles anstellten. Wie sie alles, was sie finden konnten von den Faschisten, kaputtgemacht haben. Oder wie sie geraubt haben. Hinter der Front fiel das Zivilvolk ein, eine ganz besondere Sorte von

Menschen. Die haben alles mitgenommen, was sie nur tragen konnten. Ein Soldat konnte nicht viel schleppen, der mußte ja weiter. Einen ganz Schlauen traf Konstantin mal, der wollte sich ein extra weiches Bett machen. Der ließ sich fünf oder sieben Matratzen übereinanderstapeln. Konstantin verstand die Sprache, er durfte bloß nicht sagen, er ist «contra». Er mußte so tun, wie wenn er dachte und fühlte wie sie. «Karascho», und so weiter, damit ist er gut durchgekommen.

Kurz hinter meinem Mann ist noch einer zurückgekehrt. Ein Willy Simon, er war schon alt, seine Frau war schon lange tot. Plötzlich, eines Morgens war er da. Er lag, den Kopf auf einem Bündelchen, vor seinem abgebrannten Haus und weinte. Dort sah ich ihn, das ist nicht weit von unserem Besitz. «Simon, komm met. Komm to mir.» Wir sprachen platt miteinander. Anderthalb Jahre lebte er bei uns, bis er starb. Zuletzt kriegte er am ganzen Körper Geschwüre. «Ick will up'n Rombin», sagte er immer. Er wollte unbedingt auf den Friedhof.

Von der Lisbeth Merkel kriegte ich den Typhus. «Mach Wickel um die Füße gegen das Fieber», sagte die Mutter. Ich pflegte die Lisbeth, und kaum daß sie gesund war, lag ich im Fieber. Bald drei Monate schwebte ich zwischen Leben und Tod. Die Teufel sprangen an der Wand hoch. In meinem Kopf klingelte, ziepte, sauste es. Kopftyphus war das. Und als ich zu Bewußtsein kam, tat der Körper weh. Ewig mußte ich kriechen durch allerhand Löcher, unter Häusern hindurch und Straßen. Bald wurde ich erstickt, bald mußte ich laufen. Was habe ich mich gequält! Vom russischen Militärarzt hat Konstantin Tabletten geholt, nichts half.

Irgendwann kam mein Mann mit den beiden Mädchen, mich besuchen. Er hielt sie fest, daß sie nicht zu nahe traten. Birutė riß sich los, und sie legte mir eine Rose auf mein Bett. Ich nahm die Rose in die Hand und merkte, daß bei mir der Lebenswille erwachte. «Ich muß weiterleben!» Die Haare waren runter, der Kopf war blank. Von da an so langsam wurde es besser.

Die Mädchen von Klein-Wanzleben

Allmählich haben wir uns wieder eingewirtschaftet. Ein Gänsepaar fand sich. Die waren wild herumgelaufen und suchten ein Zuhause. Ein Nachbar gab ein Schäfchen für uns ab. Mein Mann eroberte von irgendwo einen Schimmel. Nachher hatten wir schon drei Kühe. Morgens ging ich immer an die Memel, Milch gegen Fisch zu tauschen. Es waren schon Fischer, die fischten, das war eine große Freude. Sogar unseren alten Tisch fanden wir wieder. Er war hundert Jahre alt, er lag weit draußen im Feld. Mein Vater hatte in der Zwischenzeit, wo ich krank war, Wagenräder, Pflugschar und Egge aus der Nachbarschaft zusammengeschleppt. Gearbeitet wurde von früh bis spät und unermüdlich ein neues Leben aufgebaut. Ein Lehrer kam ins Dorf und organisierte eine Schule. Auch die Ina begann schon mit dem Lernen damals.

Wir hatten Mehl, wir hatten Honig und alles, was wir brauchten. Einmal die Woche ging ich nach Tilsit auf den Markt, um Butter und Fleisch zu verkaufen. Tilsit nannten sie jetzt Sowjetsk. Dort im Russischen waren wenig Lebensmittel. Jenseits der Memel hatten die Russen das Land genommen, Königsberg und Insterburg und all die Städte und Dörfer. Das war jetzt Teil der russischen Sowjetrepublik und hieß Kaliningradskaja Oblast. Aber die hatten bloß Militär dort anfangs, da war keine Wirtschaft, kein Anbau, kein Nichts. Dorten lebten noch Deutsche, nicht wenige, die kamen immer rüber ins Litauische, weil sie Hunger hatten.

Ein Dwilies war vom Dorf Wodehnen, der war oft bei uns. Er sprach gut litauisch und fiel nicht so auf, wenn er auf unserer Seite spazierte. Wir gaben ihm zu arbeiten und Brot und alles für seine Familie. Nach ein paar Tagen immer fuhr er zurück mit dem Kahn über den Strom. Sie lebten alle in Ragnit im Ghetto, vielleicht fünftausend Deutsche, sagte der Dwilies, oder sogar mehr. Auf dem Lande durfte keiner mehr sein, da waren Plünderer und Wölfe, da war es zu unsicher. Die Militärverwaltung hat sie alle zusammengetrieben und zugewiesen in ein besonderes Viertel. Frau Dwilies war herzkrank, das Kellerloch, wo sie hausen mußten, war eiskalt. Und die Töchter Hilda und Traute waren sehr jung. Hilda arbeitete in einem russischen Krankenhaus auf der Entbindungsstation. Die Traute versteckte sich immer, wenn sie einen Russen sah. Sie war siebzehn. Der alte Dwilies hat sie in dem Hungerwinter zu uns gebracht.

Die Traute war glücklich. Vor allem hatte sie bei uns ein Klavier. Wir hatten von einer Frau aus dem Nachbardorf eines gemietet für Birutė. Sie nahm Stunden auch, und die Traute machte dann mit. Sie liebte das Klavier. Wenn mein Mann nicht im Hause war, sagte ich immer: «Geh spielen, amüsier dich.» Und dann klimperte die Traute, bis ich sie zur Arbeit rief.

Konstantin sah das nicht gerne, daß ich denen von drüben half. «Das sind Deutsche. Das ist gefährlich.» Eigentlich hatte er nicht unrecht, es war wirklich gefährlich. Doch was konnte ich machen? Das waren Leute vom Strom, von hier. Meine Eltern hatten früher Wiesen auf der anderen Seite der Memel, das war doch ein Land gewesen. Dort drüben wurde es immer schlechter, bei uns wurde es immer besser. Drüben, auf russischer Seite, starben sie, und wir im Litauischen hatten schon etwas übrig. Der Fährmann, der immer fuhr zwischen den Seiten, sagte: «Bei euch ist das Paradies. Bei uns ist die Hölle.» Er war auch ein Deutscher, ein Roggenbuck oder so ähnlich. Beim Überqueren des Memelflusses hat er viele Selbstmörder gesehen, die sprangen, und fort waren sie. Einer soll sogar von seinem Kahn gesprungen sein, mitten in die wilde Strömung.

Abends sangen wir oft deutsche Lieder. «Am Brunnen vor dem Tore», das Lied vom Lindenbaum, das war schön. Der Dwilies hatte die Hilda, die ältere Tochter, auch noch gebracht, so konnten wir schon mehrstimmig trällern. Kein Mensch hat sich gekümmert, ob da wer singt. Es war ein Glück, daß wir zu Hause waren in diesen Zeiten.

Einmal haben wir alle an dem Rombinusfest teilgenommen. Da war immer was los an Mittsommer. Aber das war nicht schön, das war nicht wie zu unserer Zeit. Nach dem Krieg war nur Schnaps und sonst nichts. Es gab Wein aus Moldawien, die Flasche zu 1 Rubel. Die Russen kamen von Tilsit herüber und grölten und pöbelten die Litauer an. Das war eine andere Schicht. Von Jahr zu Jahr wurde es gewöhnlicher. Später ist die Sache Gott sei Dank eingeschlafen.

1948 war ich noch Pilze suchen mit der Traute. Dann reiste die Familie ab. Die auf russischer Seite geboren waren, also in Tilsit und dahinter, mußten weg nach Deutschland. Das war Gesetz, keiner durfte bleiben. Aus dem Memelgebiet durfte niemand raus. Weil sie bei uns alle für Litauer einschätzten, mußten wir bleiben. So ein Unsinn war das, so eine Ungerechtigkeit. Wir wollten ja bleiben, aber die Traute wollte auch bleiben. Sie weinte so sehr beim Abschied. «Wohin gehen wir? Da wird kein Klavier sein.» Ich hätte die Traute gerne behalten, beide eigentlich, auch die Traute, auch die Hilda. Auch den Rudi Grigoleit gab ich ungern her. Der Bengel war von unserer Seite, von Lompönen. Der durfte eigentlich nicht mit auf den Transport. Ich wußte, er hatte irgendwo in Deutschland Verwandte. Womöglich suchten sie ihn? Wir haben den Rudi in die Familie Dwilies geschmuggelt als jüngstes Kind. Er weinte, er sträubte sich bis zuletzt.

Ich habe die Viehwaggons nicht gesehen, aber sie fuhren in Viehwaggons von Ragnit und von Tilsit. Am Tag davor kam Vater Dwilies noch vorbei und brachte einen Sack mit Büchern zu uns. Weil sie doch nicht alles schleppen konnten, schenkte er sie zum Dank. Auch das Poesiealbum von der Hilda war dabei. Da hatten wir wieder genug zu lesen, das hat den Abschied uns versüßt. Er war schrecklich.

Die Hilda und die Traute meldeten sich bald von Deutschland. Sie schrieben, daß sie in Klein-Wanzleben wären bei der Stadt Magdeburg. «Gibt es hier Wanzen?» fragten sie sich. Sie schrieben so lustig von der Ankunft dort. Und es gab Wanzen wirklich. Die erste Zeit mußten sie in einem Lager von der Zuckerfabrik übernachten. Da krochen die Wanzen aus allen Löchern. In der Gegend lebten die Leute alle vom Zucker. Auch die Hilda und die Traute mußten die Rüben lesen gehen. Sie hatten ja keine Verwandten in Deutschland. Wo sollten sie hin? Sie schrieben immer treu und brav, die Hilda und die Traute. «Wir haben jetzt die DDR», teilten sie uns eines Tages mit. Was das war, konnten wir nicht wissen. Sie mußten kämpfen, sie waren Flüchtlinge und hatten es schwer natürlich. Wir sprachen oft von ihnen. Und sonst kamen auch keine anderen Briefe von woher, nur von den Mädchen von Klein-Wanzleben.

Sibirien, nahe der Lena

Drei, vier Jahre schon wurden die Menschen nach Sibirien gefahren. Immer um den 25. März herum ging ein Schub los. Meistens holten sie die, die mehr hatten. «Du bist Buožė», bestimmten sie. «Du hast drei Kühe und bist ein Großbauer. Raus mit dir.» Aber auch ganz Arme schrieben sie auf die Liste. Leute waren da, die schwärzten ihre Nachbarn an, weil deren Haus besser war und sie es haben wollten. «Die sind Feinde der Sowjetmacht», das reichte. Keiner konnte wissen, wer würde dieses Mal dabeisein. Vielleicht wollten auch die Russen das ganze Land von Litauern befreien und selbst da wohnen?

Ende März war die schlimme Zeit, da schlief man nicht zu Hause. Der Termin war geheim, sickerte aber langsam durch. Die Kinder und ich zogen dann immer in das leerstehende Schulhaus. Oben auf dem Boden hockten wir und zitterten. Eine Nacht, noch eine Nacht. Nur in der Nacht war Gefahr. Die Eltern und Konstantin blieben zu Hause. Nur einmal begleitete uns mein Mann, als wir uns alle auf dem Rombinus versteckten. Nachher dachten wir: Das hat doch keinen Sinn. Sie nehmen die Eltern, und wir bleiben. Vielleicht erwischen sie noch einen von uns und stecken ihn zur Strafe noch woandershin. Wir wären auseinandergerissen. Allzulange konnte man sich nicht verbergen. Wo sollten wir denn hinlaufen?

Seitdem warteten wir am Ende des bestimmten Monats in der warmen Stube. Mochten sie kommen oder nicht, wir waren bereit. Damals fingen sie schon an mit dem Kolchos. Eines Abends holten sie den Konstantin weg. Zwei Tage später kam er zurück und sagte: «So, jetzt könnt ihr euch fertigmachen. Wir werden auch nach Sibirien fahren.» Wir fragten: «Warum?» Mein Mann war sehr böse: «Ich sollte organisieren diesen Kolchos. Ich sollte gehen, den Menschen alles wegreißen. Nein, das mache ich nicht. Lieber fahr ich nach Sibirien.» Er wollte nicht der Räuber sein. Die Kommunisten hatten sich ausgedacht, der kann Russisch, der hat Energie, der wird uns die Litauer zusammentreiben. Sie haben sich geirrt, deshalb mußten wir fahren. Unser Gewissen war ruhig. Heute kann keiner auf uns sagen, wir hätten einem Menschen etwas zuleide getan. Wir waren unschuldig.

Im Sommer 1951 waren wir reisefertig. Wir hatten vorgesorgt, alles stand parat. Geld hatten wir auch schon. Honig war viel in diesem Jahr, ein ganzes Bassin konnten wir aufsparen. Säckchen mit Mehl eingefüllt, Speck in Tücher gewickelt. Was wir konnten, haben wir beiseite gelegt, immer so auf Parade, wie man sagt. Die Passeporte hübsch gestapelt auf dem Sims.

Endlich, am 2. Oktober, war es soweit. Diesmal griffen sie im Herbst zu. Wir waren der allerletzte Transport überhaupt. Die Maschine fuhr vor auf den Hof frühmorgens, Bewaffnete sprangen runter. «Dawei! Aufstehen!» Wir waren längst auf. Mein Vater war gerade mit dem Milchwagen unterwegs zur Käserei nach Willkischken. Alle mußten sich in der Küche versammeln. Wir hatten noch Gäste aus Kaunas. Die waren gleich im ersten Moment hinten aus dem Fenster gesprungen, sonst hätte man sie womöglich auch verschleppt.

Die Nachbarn kamen gelaufen und halfen, schnell mußte es mit dem Aufladen gehen. Die Stribai verfolgten jede Bewegung mit den Augen und hielten das Gewehr vorn. Meine Nähmaschine wollte ich noch einpacken. Den Kopf gaben sie mir mit, den Fuß mußte ich dalassen. Der mußte bleiben für die, die sich nachher alles teilten, was noch übrig war. Bald stand auch mein Vater in der Tür. Vater war am ruhigsten von uns allen. «So, ja, ist gut. Dann fahren wir eben.»

Ich sah zu. Mir war alles egal. Aber die Mädchen waren in Pogegen auf dem Gymnasium. Meine Sorge war bloß, daß ich die Kinder nicht verliere. Der Agronom vom Dorf holte sich den Anführer herein und traktierte ihn mit Kognak. «Sie müssen die Kinder holen, unbedingt.» Man versprach, sie abzuholen und auf dem Bahnhof in Tauroggen abzuliefern. Wir kletterten auf den Wagen. Ich weiß nicht, habe ich geweint oder habe ich nicht geweint. Mutter war noch einmal durch die Ställe gegangen, dort hat sie sicher geweint.

Unterwegs hielten wir noch in einem Dorf an der Chaussee. Von dort nahmen wir eine Frau mit fünf kleinen Kindern mit. Die Großeltern mußten bleiben. Der alte Mann lief noch hinter der Maschine her. Er rang die Hände, fiel immer auf die Knie. Wir fuhren und fuhren, und ich dachte bloß immer: Mein Gott, meinetwegen gehen wir wer weiß wohin. Wenn die Kinder nur kommen. Auf dem Bahnhof von Tauroggen war Hochbetrieb. Menschen, Bündel, ein Geschrei, Hunderte waren, die ausgeladen wurden. Der Zug stand schon da, alles Viehwaggons. Ich saß auf dem Lastwagen noch wie gelähmt und verguckte mir die Augen. Mein Mann lief schon durch das Gewühl, sprach mit den Leuten und suchte, wen er noch mit Schnaps bestechen konnte. Es wurde Nachmittag, der Zug mußte doch pünktlich sein.

Mit einem Mal sah ich sie beide kommen mit ihren Schultaschen. «Maaaaamaaaa!» schrie Birutė. Sie schrie so jämmerlich, obwohl sie schon sechzehn war in diesem Jahr. Das war ein Glück, das war Gottes Gnade. «Kinderchen, freut euch. Nun ist alles, wie es sein soll.» Und es dauerte nicht lange, und wir mußten rennen nach den Waggons. Immer rein, rein, rein, sie stopften uns hinein mit dem ganzen Gepäck. Schon setzte sich der Zug in Bewegung. Viele Menschen liefen an seiner Seite und weinten und schrien. Manche knieten auf den Schienen und rauften sich die Haare im Schmerz. Viele Familien wurden getrennt.

Wir waren zweiundzwanzig Menschen in unserem Waggon. Ein Gutsbesitzer war da, den kannten wir, mit seinem Sohn. Dessen vier Kinder waren mit der Schwester des Vaters schon ein paar Jahre vorher nach Sibirien geschickt worden. Sie waren beinahe in freudiger Stimmung. «Wir werden dort irgendwo unsere Kinder treffen.» In der Mitte des Wagens hatten wir unsere Bündel zusammengestellt. An den Seiten war jeweils so eine Bretterbühne. Da schmissen wir unsere Betten hoch und nisteten uns ein. Mein Mann saß parterre, wahrscheinlich unter uns. Drinnen war es dunkel. Am Anfang hatten wir noch Lichter zum Anzünden. Jeder saß und aß aus seinem Bündel. Ein Stück Brot, etwas Speck, wenn du das hast, wirst du nicht umkommen. Die jungen Leute sangen solche traurigen Lieder. Sie weinten, wir weinten, dann wurden wir wieder still. Der Zug jagte durch die Dunkelheit. Immer Galopp, er ratterte und knatterte. Dann klapperte und klingelte alles, was da war, die Töpfe und Eimer und der Waschkrug.

Manche hatten sich ganz gut eingestellt auf die Strapazen, andere weniger. In unserem Waggon wurde keiner krank. In anderen sind Menschen auch gestorben. Vom 2. Oktober bis 17. November fuhren wir, Tag und Nacht. Ab und zu hielt der Zug. Dann ließen sie zwei Menschen aussteigen, die brachten uns Essen herein. Dünne Suppe oder auch nur aufgebrühtes Wasser. Wenn das Wasser reichte, haben wir uns ein bißchen genommen und uns mit einem Lappen abgerieben. Niemand hatte eine Ahnung, wohin es gehen sollte. Durch ein winziges Fenster oben konnte man die Steppe sehen, mal einen Fluß. Einige Male blitzte Licht auf, das waren Städte etwas dichter oder weiter, die schon elektrifiziert waren. Auf den Stationen, wo wir hielten, trafen wir andere Züge. Darin waren oft Menschen mit Aufsehern, die auch irgendwohin gebracht wurden. In einem waren lauter Frauen in Abendkleidern. Was sie für welche waren, weiß ich nicht. Waren sie aus einem Theater geholt worden oder was? Sie sprachen deutsch. «Woher kommen Sie?» fragte ich hinüber. In dem Augenblick ging die Patrouille dazwischen und trennte uns. Die Frau, die ich ansprach, hatte noch zurückgefragt, ob ich die Morseschrift verstehe. Vielleicht wollte sie mir mitteilen, wer die dort waren.

Alles war schön und gut, alles war auszuhalten. Aber wenn man mußte morgens auf die Toilette, das war schrecklich. Wir schlugen mit der Faust gegen die Waggontür. Wenn sie öffneten, war es noch gut. Dann sprangen wir raus wie die Hasen. Rechts und links an jedem Ende postierte sich ein Bewaffneter. Doch dafür mußte der Zug stehen. Meistens riefen die Soldaten: «Na vedro! Geht auf den Eimer!» Mit einer Decke haben wir einen Vorraum abgesperrt, und da stand er. Einer nach dem anderen, immer so der Reihe nach, gingen wir. Wenn der Eimer voll war, kippte einer ihn durch das kleine Fenster aus. Auch das mußte durchgemacht werden.

In Atschinsk wurden wir abgekoppelt und auf ein anderes Gleis gesetzt in Richtung Nasarow. Das ist «nahe der Lena», sagte einer im Zug. So habe ich es mir gemerkt, nahe der sibirischen Lena. Am 17. November stiegen wir alle aus dem Zug raus. Erst stäubten sie uns mit einem Pulver ein gegen Ungeziefer, und dann standen wir da auf dem langen Bahnhof von Nasarow. Von oben kam Schnee mit Regen. Manche liefen herum und suchten etwas zum Brennen. Man hat so kleine Häufchen gemacht und Feuer angezündet. Ich ging die Strecke ab, um nach Bekannten zu sehen. Da traf ich aus Schmalleningken zwei alte Leute. Die hatten gar nichts. Sie waren vom Abtransport überrascht worden und besaßen nur das, was sie auf dem Leibe trugen. Ich habe ihnen Brot und Speck von unserem hingetragen.

Die Nacht verging, wir zitterten. War das schon der gefürchtete Winter? Gegen Morgen kamen die Vorsitzenden von den umliegenden Sowchosen mit Lastautos und haben sich Arbeiter herausgesucht aus der Menge. Sie wollten nur Arbeitsfähige, wie auf dem Sklavenmarkt. Sie prüften, wie kräftig ist der, ob dieser oder jener wohl zupacken kann. Mein Mann hat immer geschnüffelt und gehorcht. Irgendwie geriet er an einen, der ihm Eindruck machte. Dieser Natschalnik schien ein ruhiger und guter Mensch zu sein. «Wir sind drei Arbeitskräfte», meinte Konstantin zu ihm. Er, mein Vater und ich könnten Berge versetzen, und die Mutter sei auch nütze. «Vor allem, ich hab Kinder, ich muß die Schule haben für die Kinder.» Offensichtlich hat er den Russen überzeugt. Konstantin teilte uns die frohe Botschaft mit: «Wir sind angenommen. Die Schule ist drei Kilometer entfernt. Das möchte gehen.» Am Abend brachten sie uns in einen Getreidesowchos, ungefähr fünfzig Kilometer von Nasarow entfernt.

Das Land war eben, viel mehr war in dem Wetter nicht zu erkennen. Unser Lastwagen fuhr immer über so kleine Knüppelbrücken. Ich dachte immer: Eine wird gewiß einbrechen. Neben mir hockte ein Gutsbesitzer mit seiner Frau. Sie stammte aus dem Polnischen, das konnte man wohl hören. Auf einmal schrie er: «Schau nur, schau nur, Marija, da weiden Gänse. Das ist eine reiche Gegend!» Ich weiß nicht, was der sah, waren es Gänse oder Schneeflocken oder eine Fata Morgana? Es hätten meinethalben auch Schafe sein können, ich jedenfalls guckte immer nach den Knüppelbrücken. Ich hatte bloß Angst, daß wir runterfallen. Und der hatte immer die Gänse im Visier. Er baute schon die Zukunft auf.

In der Semlanka

Spätabends waren wir an Ort und Stelle. Sie brachten uns in ein Clubhaus. Wieder trugen wir unsere Pungel ein Stück weiter, bis der große Kinosaal voll war mit uns und allem. An der Tür stand eine große Frau, die konnte Deutsch. «Sind da welche», fragte sie, «die deutsch sprechen?» – «Ja», sagte ich, «können Sie uns was helfen?» Diese Frau war Estin. Sie lud uns ein, bei ihr zu bleiben über Nacht. Sie hatte ein Stübchen für sich allein, Feuer war schon eingebrannt. Das war ein Lichtblick, ein Fünkchen war schon da.

Mein Mann und ich wollten noch hören, was in dem Kinosaal passierte. Wir wollten unseren Betriebsleiter nicht verlieren, diesen Fjodor, den Konstantin sich ausgesucht hatte. Der mußte uns doch jetzt eine Wohnung zuweisen. Wieder trat ein Mensch vor uns. «Sind da welche, die deutsch sprechen?» – «Ja», antwortete ich und drängte mich durch zu ihm. «Von wo kommen Sie?» Es stellte sich heraus, er war ein estnischer Pfarrer, der schon drei Jahre hier war. «Ich kann Ihnen einen guten Rat geben. Wenn Sie Geld haben, plündern Sie es nicht gleich aus. Sparen Sie es. Denken Sie nicht, daß Sie schnell zurückkommen werden.» Und er fügte noch hinzu: «Meine Familie, wir leben hier in diesem Sowchos. Wenn Sie sich soweit eingerichtet haben, kommen Sie zum Brunnen, da am Berg, fragen Sie nach Tanner. Dann wird Ihnen jeder sagen, wo wir zu finden sind.» Solche Menschen also gab es hier. So viel Höflichkeit war in diesem Sibirien.

Eine Wohnung für sechs Menschen war nicht zu bekommen. Der Natschalnik vom Sowchos konnte nichts machen, sagte er zu uns. «Ihr müßt in den Schacht, sieben Kilometer von hier.» Sie steckten die Menschen, die nicht unterkamen, in einen leeren Kohlenschacht. «Nein, meine Kinder müssen in die Schule. Wir gehen nicht dorthin so weit.» Mein Mann war fest und entschlossen. Also mußten wir selbst ein Quartier suchen. Da fand sich ein Kalmück. Die Kalmücken sind solche Schlitzaugen, ich hatte sie bis dahin noch nie gesehen. Sie waren auch Deportierte und hatten viel Erfahrung mit dem Überleben. «Ich habe zwei Semlankas», sagte unser Kalmück. Semlankas sind Erdwohnungen, so eine Art größeres Verlies. «Ich kann euch eine davon verkaufen. Da habt ihr zu sechst Platz.» Wir kauften für 1000 Rubel, das war viel Geld.

Die Semlanka war ein Raum. Man mußte sie kriechend betreten durch einen kleinen rundlichen engen Gang. Ein Fenster zu ebener Erde ließ etwas Licht herein, und man konnte dadurch die Füße der Menschen, die vorbeiliefen, sehen. Nur ein Herd stand drinnen. Und dahinter, du lieber Gott, waren Tarakane. Wenn es warm wurde, kamen sie aus ihren Verstecken und liefen überall herum. Was das für Tiere sind, ist mir bis heute nicht klar. Vielleicht so wie Heimchen im Deutschen? Sie ziepten und pfiffen ganz schrecklich. Wir haben sie mit Benzin vergiftet und das ganze innere Gebäude mit Kalk ausgepinselt. Zum Heizen konnten wir uns Späne holen vom Sägewerk. Wenige Tage nach unserer Ankunft waren wir mitten im Winter. Mein Mann ging gleich zur Arbeit. Auf dem Kontor wurde er eingeteilt und hatte gut zu tun. Er bekam Pferd und Schlitten und mußte Baumaterial fahren. Hierhin und dorthin, wie es der Plan verlangte. Zement, Bretter und was da alles war. Der Sowchos war groß, alles war groß und weitläufig in diesem Sibirien. Von seinen Touren brachte er anfangs immer Holz mit, davon haben wir Pritschen zusammengenagelt für uns alle. Mein Vater bekam eine Stelle im Kuhstall. Die ganze Nacht sollte er den Dung abkratzen von der Diele, damit die Kühe sich nicht schmutzig machen. Wenn er hörte, da fällt so ein

Klacks, mußte er gleich hinlaufen und mit der Schaufel den frischen Fladen rauswerfen. Weil, wenn die Kuh sich reinlegte, mußtest du sie vorm Melken erst mal waschen. Sie hatten dort kein Streu zum Unterlegen wie bei uns, bloß nackte Fläche. Vater kam morgens immer zurück und sagte: «Das ist die letzte Etappe vor der Hölle.» Wenigstens war es warm im Stall, das war das einzig Gute.

Mama blieb zu Hause und kochte für uns. Von den Tanners hatten wir einen Wintervorrat bekommen. Sie fuhren vor mit dem Schlitten und luden aus: Kartoffeln, Beten, Sauerkohl mit eingelegten grünen Tomaten drin. Salz gab es zu kaufen, Speck hatten wir noch von Litauen genug. Irgendeine Pfanne und eine Kasserolle fanden sich ein. Es war knapp die erste Zeit, doch Hunger leiden mußten wir nicht.

Birutė und Irena gingen zur russischen Schule. Das beruhigte mich und versöhnte mich mit dem Sibirien, daß die Fremdsprache dort Deutsch war. Da hatte ich Oberwasser! In Litauen nach dem Krieg war das unmöglich. «Faschisten» schrien sie auf uns. Die waren verrückt, so daß wir Angst hatten aufzufallen. Außer Haus konntest du kein deutsches Wort sprechen, und im Hause war Konstantin der Herr. Mein Mann wurde so fanatisch gegen das Deutsche, daß er mich direkt zu hassen begann, wenn ich die Kinder lehrte. «Du willst mir die Kinder entfernen. Du willst sie deutsch machen. Sie sind keine Deutschen. Du bist keine Deutsche.» So meinte er, und wenn er uns deutsch sprechen hörte, wurde er fuchsteufelswild. Ich sagte: «Was sie sind, ist egal. Was ich gelernt hab, brauch ich nicht auf dem Buckel tragen, bloß im Kopp haben.» Heimlich bin ich mit ihnen immer in den Garten gegangen. Hinter den Johannisbeerbüschen mußten sie mir die Verben aufsagen, die Grammatik und so weiter.

Jetzt in Sibirien konnte ich mit ihnen arbeiten. Ich habe

sie so weit gebracht, heute können sie sich im Deutschen behaupten. Wir haben den «Erlkönig» studiert und das «Heideröslein». Dann mußten sie schreiben nach Diktat. Unsere Mädchen mußten gleichzeitig natürlich Russisch lernen, das war viel. Bei der Ina ging es noch, die war erst in der fünften Klasse und fand gleich Freundinnen. Birutė weinte oft in die Kissen. «Ich will nach Hause.» Weiter nichts, nur nach Hause wollte sie.

In der Winterszeit war der Schulweg sehr verschneit. In dem Schneesturm konnte man verlorengehen unterwegs. Deshalb hat mein Mann für die Kinder ein Quartier gesucht dort, in dem anderen Dorf. Glücklicherweise lebten dort auch Versprengte aus Litauen. Sie gaben eine Stube ab. Dafür mußten wir Kohle bringen zum Heizen. Mehr verlangten sie nicht. Und das Essen mußten wir natürlich mitgeben für die Woche. Am Samstag marschierten die Mädchen nach Hause. Manchmal auch unter der Woche am Abend, wenn das Wetter schön war. Ich hab sie oft ein Stück begleitet bis zu dem Flüßchen Serjosch, gewunken und «Nun ade, du mein lieb Heimatland». Im Frühjahr war Überschwemmung, da war es gefährlich, den Fluß zu passieren. Man mußte sich gewöhnen, das war alles.

In dem ersten Winter hatte mein Mann, der fror immer so, zu früh den Schieber vom Schornstein zugesteckt. Da begannen wir alle, uns zu vergiften. Ich mit meiner ewig schwachen Blase, ich mußte in der Nacht raus. Menschenskind, ich stand auf, und alles fing sich an zu drehen. «Raus, Kinder, schnell raus. Es ist was nicht in Ordnung.» Ich schüttelte sie, ich schleppte sie, bis alle draußen in der Kälte waren. Wir haben erbrochen und alles. Am schlimmsten hat die Ina gelitten, sie wurde überhaupt nicht wach. Erbsen kauen, das hilft. Das hatten uns schon die Russen eingeschärft: «Paßt mit dem Ofen auf! Macht nicht zu früh die Luke zu. Und wenn euch schlecht wird, müßt ihr Erbsen kauen. Kauen, kauen, kauen, daß das Gehirn in Bewegung bleibt.» So sind wir alle durchgekommen.

Am Tage vorher hatten wir ein Paket von zu Hause bekommen. Die Nachbarn haben aus unserem Haus, was sie noch fanden, nachgeschickt, Schinken, Speck und mancherlei. Da dachte ich noch, wenn wir jetzt alle gestorben wären und das Paket wäre liegengeblieben, das wäre schade gewesen. Daß wir alle weg waren, das war schon nicht schade mehr, aber das Paket wäre geblieben. Was man sich so alles zusammendenkt, das ist kaum zu glauben.

Im Frühjahr zogen wir dann in eine andere Semlanka um. Die war schon größer und mehr über der Erde. Wir haben noch ausgebaut und so eine Art Vorstube aus Brettern gebastelt. Wir waren näher am Brunnen, das war auch ein Vorteil. Vater schleppte meistens das Wasser. Für mich gab es nun Arbeit im Sowchos. Erst mußte ich Gemüse säen, später mußte ich ein Feld bewachen in der Nacht. Da wurde sehr viel Kohl angebaut, solche Riesendinger auf solchen Riesenfeldern. Dort hab ich Wache geschoben, damit das Vieh nicht reinläuft und alles kaputtmacht. Ich stand am Feldesrand von abends um sieben bis morgens um sieben. In der Nähe war eine kleine Bude zum Unterstellen.

Nachher brachte mein Mann getrocknetes Gras, dann hatte ich ein Lager. Wo mein Feld aufhörte, war eine Wiese mit Ochsen. Normalerweise mußte ein Kalmück sie hüten. Aber der Hirte war geritten vom Berge, ins Dorf, in seine Semlanka. Morgens früh, als es hell wurde, standen die Ochsen auf und fingen an zu grasen. Plötzlich rannte die ganze Schar direkt auf das Kohlfeld zu. Mein Gott, die werden alles vertrampeln. Ich schrie: «Pastuch, Pastuch! Hirte! Hirte!» Kein Mensch kam. «Stawei! Bleibt stehen!» Ich schrie mir die Seele aus dem Leibe und rannte auf die Biester zu.

Und sie blieben stehen, wie auf Kommando. Sie waren vernünftig, diese Ochsen. Ich hatte Glück gehabt, daß ich wach war. Wenn ich eingeschlafen wäre, hätte die ganze Bande alles zerstört. Mir wäre es schlecht ergangen.

Einmal war es fast soweit. Das schwierigste in der Nacht waren die Pferde. Juni war es, eine ganze Herde stürmte auf das Feld. Da kannst du nichts machen. Du kannst rennen, du kannst schreien. Sie gehen um dich herum. Sie rollen sich im Kohl. Sie fressen, soviel sie wollen, und gehen wieder. Morgens bin ich gleich nach der Arbeit ins Kontor gelaufen. Sie werden mich einen «Sabotagenik» nennen, solche Angst hatte ich. Auf dem Büro saßen sie schon hinter langen Tischen, Schreiber und Buchhalter und irgendwelche Befehlshaber. Sie guckten, ich erzählte: «Ja kritschala: ‹Pastuch, pastuch! Idi suda.› Nietu pastuch.» Immer mit den Händen dazu. «Bix slischali. Loschadki ni slischali. Die Ochsen gehorchen, die Pferde nicht. Kapusta kaputt.» Einen Satz hatte ich mir früher schon aufgeschrieben auf russisch. «Ja ni vinovata. Ich bin nicht schuldig.» Diese Worte konnte ich jetzt gebrauchen. Sie hörten sich meine Erklärungen an. «Nitschewo. Idi damoi. Ist gut, geh nach Haus.» Ich war erlöst. Als ich rausging, hörte ich ein großes Gelächter. Die lachten sich über mein Russisch bald schimmelig.

Manches vom Russischen habe ich nachher schon aufgeschnappt. Die Kinder brachten von der Schule allerhand nach Hause, da lernte ich mit ihnen. Besonders die Gedichte der Russen haben mir Eindruck gemacht, so lustig und treffend waren sie. Da tranken sogar die Vögel Wodka.

«Tschischik, Tschischik,
gde ti bil?
Na Kafkase wodku pil.
Wipil rumku,

wipil dwa,
Saschumela golowa.»*

Die ersten Combines meines Lebens habe ich in Sibirien gesehen. Im Herbst brachten sie welche, die rasten nur so über die Weizenfelder. Aber trotzdem war eine Mißwirtschaft. Zum Beispiel hatten sie keine richtigen Scheunen. Sie droschen, und alles fing an zu keimen. Oder die Kartoffeln, sie wurden gelesen und zu Haufen geschüttet. Keiner hat sie zugedeckt. Es kam nichts heraus dabei. Wir hatten unseren eigenen Garten. Die Erde war fruchtbar in der Verbannung. Seit der zweiten Saison, als wir schon gelernt hatten, wie das Klima sich verhält, wirtschafteten wir ganz gut. Weil ich in der Nacht arbeitete, konnte ich tags den Garten machen. Immer, immer war ich müde. Bei der nächsten Nachtstelle schlief ich regelmäßig ein. Da wurde eine Scheune gebaut für das Getreide. Ich legte mich auf die Bretter, die ich bewachen sollte. Durch die Augenschlitze sah ich noch, wie sich der Zement bewegte – wie ein Erdrutsch. Morgens hab ich die Löcher, die die Diebe gegraben haben, zugeschaufelt, vertuscht und fertig, und dann war es gut. Ich hatte ein bißchen geschlafen und war erfrischt.

Unsere Gegend überhaupt war nicht uninteressant. Berge waren in der Nähe, auch Wald. In der sogenannten Taiga bin ich einmal gewesen. Ich wollte mir ansehen, was Taiga zu bedeuten hat. Mein Mann mußte dort im Winter gelegentlich arbeiten. Da hab ich ihn mal besucht. Das war nicht weit von uns. Morgens fuhren wir los, abends waren wir schon

* «Vöglein, Vöglein, wo bist du gewesen?
Im Kaukasus habe ich Wodka getrunken.
Ich trank ein Gläschen, ich trank zwei.
Dann begann der Kopf zu brausen.»

zurück. Die Taiga ist ein Wald mit Riesenbäumen. Wenn du unten vom Stamm aus hochgucktest, dann sahst du kaum die Spitze. Viele Männer wohnten da in Baracken. Am Tage mußten sie Bäume umlegen und zu Meterware schneiden. Sie mußten die Norm erfüllen und sich selbst verköstigen. Ein kunterbuntes Volk lebte in der Taiga. Nach meiner Schätzung waren im Bezirk Nasarow ungefähr ein Drittel von allen Bewohnern Deportierte. Kalmücken, wie gesagt, waren viele, die hatten Verwandtschaft zu den Mongolen. Japaner gab es, Wolgadeutsche und unsere Esten, Letten und Litauer. Sie hatten den besten Stil. Auf der Baustelle, die mein Mann bediente, haben sie immer gelacht. «Bitte schön, Herr Lehrer, darf ich Ihnen diesen Stein überreichen?» – «Danke schön, Herr Pfarrer, es ist mir eine Ehre.» – «Bitte schön, grüßen Sie mir den Herrn Rechtsanwalt.» Sogar ein Dirigent war darunter. Sie machten sich einen Spaß aus der Höflichkeit.

Jedes Land, sagt man, wird von der Natur geprägt. Und die Natur prägt den Menschen. In Sibirien war das gut zu sehen. Im Winter tragen sie Tücher von Kamelhaaren, zehnmal gewickelt um den Leib. Wattehosen, Mützen aus Fell mit Klappen, Filzstiefel, das war die normale Ausrüstung. Wir hatten das auch allmählich. Die Kälte frißt einen auf. Die Kälte ist das Schlimmste in Sibirien. Die Thermometer springen, so grimmig ist der Frost. Am Anfang habe ich fast keine Luft gekriegt von dem Ostwind. Mein Atem schien mir einzufrieren. Seit dem Sibirien habe ich die roten Backen. Ich habe sie mit Schnee eingeseift wie die Russen, das vertrug ich nicht.

Im Sommer wurde es warm, sogar heiß. Kein Schatten war, es flimmerte immer vor den Augen. Obstbäume wuchsen keine, nur Erdbeeren und Johannisbeeren. Die Kinder brachten immer Blumen nach Hause, so eine Art Orchideen, sehr schön. Von Bittehnen habe ich mir Samen schicken lassen für Sommerblumen, wie wir sie liebten. Man gewöhnt sich nachher, weil die Natur es will. Doch ein gewisser Rest im Menschen ist und bleibt anders, wenn er nicht von dort ist. Eben diese Höflichkeit oder die Lieder, vieles ist nicht auszurotten.

Auch die innere Uhr, wie das Jahr sich aufbaut, steht niemals still. Am 9. Mai ist Zwiebeltag, da mußt du Zwiebel setzen bei uns. Der Mai fängt an mit Butterblumen, dann blüht der Faulbaum, und dann mußt du Kartoffeln in die Erde stecken, dann kommt der Flieder, und das Ende bildet der Jasmin. Mit dem Jasmin ist der Frühling vorbei. Das war in Sibirien nicht so, aber immer zuckte es mir und ruckte im Kopf. «Jetzt, jetzt ist der Flieder dran.»

Freundschaften und Krankheiten

Mit den Tanners haben wir gleich vom ersten Augenblick an Freundschaft geschlossen. Die ganze Familie sprach Deutsch, der Vater und die Mutter, auch Lida und Daniel, die schon erwachsenen Kinder. Tanner trug einen langen Bart wie ein Patriarch. Den hat er sich in Sibirien wachsen lassen. Und als er nach Hause kam, nach Estland, behielt er ihn zur Erinnerung. Weil er ein protestantischer Pfarrer war, schickte ihm seine Gemeinde immer allerhand Pakete. Deswegen hat ihn der KGB immer verhört: Was das für Menschen sind, die so freundlich an ihn denken? Einmal haben sie ihn einen Monat gefangengehalten. Doch sie konnten ihm nichts Schlechtes nachweisen.

Wir unterstützten uns gegenseitig. Sie gaben uns, wir halfen ihnen. Herr Tanner hielt uns sonntags die Predigt. So hatten wir eine Kirche. Die alte Frau Tanner und die Kinder waren Epileptiker. Diese Anfälle waren schrecklich anzusehen. Das waren für uns alle schwere Tage. Die Natschalniks vom Sägewerk, wo der Daniel beschäftigt war, waren böse, wenn er nicht zur Arbeit kam. Dann hat immer die Maria Koppermann ein Wort eingelegt. «Seid ruhig. Er ist krank.» Sie sprach hervorragend Russisch und übte auf alle eine große Macht aus.

Maria war eine ungefähr 70jährige Dame aus Tallinn, die ein großes Konfektionsgeschäft geführt hatte. Sie war schon zum zweiten Mal in der Verbannung. Erst 1940 zusammen mit ihrer Tochter Ilse, und dann nach dem Ende des Krieges wieder, diesmal allein. Sie war geprüft. Auf uns wirkte sie wie eine Aristokratin. Wir unterhielten uns oft. Eines Tages habe ich mit ihr im Keller die Kartoffeln verlesen. Dabei sagte sie seufzend: «Ach, wie schön, Gott sei Dank, daß Sie hier sind.» Plötzlich hielt sie inne: «Was habe ich nur gesagt?» Sie meinte, daß sie froh war, daß da ein Mensch ist, mit dem sie über alles sprechen kann. Maria erzählte, wie sie Gouvernante war in Rußland, wie ihre Kinder geboren wurden, wie sie sich von ihrem Mann geschieden hat. Der reiste nach St. Petersburg und machte es sich schön. Sie fuhr ihn suchen und sah sich an, wie es dort zuging. Wie dort gepraßt wurde und die Sektflaschen durch die Luft flogen und die Weintrauben. In einem Saal, in dem ganzen Wirrwarr, hat sie ihren Gatten schließlich gefunden. Er gondelte gerade am Arm einer Schönen und ließ sie stehen. Einer der einheimischen Herren nahm Maria in den Arm und klärte sie auf. Das war ihr genug, seitdem war sie selbständig.

Für mich war das wie ein Roman. Wir schwärmten alle für Maria sehr. Ob sie wirklich Millionärin gewesen war, ließ sich nicht mit Bestimmtheit sagen. Meine Mutter behauptete: «Frau Koppermann ist ein Übermensch.» Sie machte uns allen Mut, sie machte alles mit. War man einmal so recht unzufrieden, tröstete sie: «Kinder, alles Gute kann man nicht beieinanderhaben.» Später erst habe ich begriffen, als sie mich in Bittehnen besuchte, daß Maria auch gehaßt wurde. Nach ihrer Rückkehr aus Sibirien hatte sie einige Monate bei ihrem Sohn in Kanada verbracht. Sie konnte sich mit den Enkeln nicht verständigen, weil diese nur englisch sprachen. Da war sie mit ihrem Sohn unzufrieden. «Warum hast du die Kinder ohne Muttersprache wachsen lassen?» Sie machte ihm Vorwürfe, und die Schwiegertochter, es war eine Deutsche, hat sie dafür gehaßt. Viele baltische Familien sind so zerrissen worden. Die Maria konnte nichts dafür.

In ihrer Semlanka versammelten wir uns öfter, auch mit Tanners, auch mit anderen Esten. Wir haben die alten Volkslieder gespielt und alles, das war sehr schön. Meine Mama hatte im letzten Moment vor unserem Abtransport meine Geige erwischt. Das kam mir zugute. Ich spielte und konnte die anderen erfreuen. Immer war das Lied «Wenn ich den Wanderer frage» dabei, und wenn wir bei der letzten Strophe angelangt waren «Ich kann nicht nach Hause, hab keine Heimat mehr», füllten sich alle Augen wie auf Kommando mit Tränen.

Mein Mann wurde krank. Von der schweren Arbeit bekam er eine Herzerweiterung. Sie haben ihn ins Krankenhaus nach Nasarow gesteckt. Drei Monate lag er auf den Tod darnieder. Man gab ihm Chinin in kleinen Dosen, die Ärzte haben sich bemüht. Maria Koppermann gab mir alle paar Tage Nachricht von seinem Befinden. Sie war umgezogen, sie war jetzt in Diensten bei einer jüdischen Familie. «Komm schnell, Lena. Du mußt nach Deinem Mann sehen», schrieb sie. Sofort ließ ich alles liegen und stehen und begab mich nach Nasarow. In dem Stübchen bei Maria durfte ich logieren. Sie kochte für ihre Juden, ich kochte für meinen kranken Konstantin. Ins Zimmer durfte ich nicht zu ihm, nur den Topf auf die Schwelle stellen. Er kam heraus, hielt sich an der Wand fest. Dann aß er ein bißchen von dem Kartoffelbrei und ging. Am dritten Tage sagte er mir: «Hast du zu Hause auch so gut gekocht wie hier? Das schmeckt mir.» Es schmeckte ihm, war das nicht ein Hoffnungsschimmer?

Maria meinte das auch. Sie hatte an diesem Tag Karten fürs Kino besorgt. «Gehen wir zu Greta Garbo!» Sie gaben «Die Kameliendame» für uns. Vor dem Kino war eine Riesenpfütze wie ein See. Sollten wir es wagen, sollten wir wirklich gehen? Da kamen gerade zwei Estinnen heraus, die Nachmittagsvorstellung war zu Ende. «Geht, geht, geht, geht», riefen sie. Maria und ich wateten entschlossen durch das Wasser und den Dreck. Im Kino endlich konnte ich weinen. Ich hab um die beiden geweint da im Film, aber auch um mich, um mein Herzeleid.

In Sibirien überhaupt waren wir viel im Kino. Im Kriege hatten die Russen viele Filme einkassiert. Und wir hatten von den Trophäen den Gewinn. Auf der Straße, auch bei uns im Sowchos, sahen wir immer die Reklame flattern. «Das Herz der Königin» zum Beispiel, ein Film über Maria Stuart, wie sie hingerichtet wurde, daran entsinne ich mich. «Die Jungfrau von Orleans», «Land des Lächelns», da bin ich auch gewesen. Dann «Romeo und Julietta». Da liefen wir alle hin, die Esten, die Letten, die Russen. Diese Liebe, das tragische Ende nachher und alles. Als wir rauskamen, waren wir alle fertig. Jeder lief für sich. Keiner konnte sprechen. War so ein Jonas, so ein junger Mann, der rannte an uns vorbei. «Warte, Jonas», rief ich. «Ist doch alles Phantasie!» rief er. Aber er sprach auch nicht, so beeindruckt war er. Ich wollte gar nicht in meine Semlanka gehen. Ich stand vor der Tür und konnte mich nicht erholen. Solche großartigen Ideen hat mir der Film eingeflößt.

Während der Krankheit meines Mannes blieb ich eine gewisse Zeit in Nasarow. Langsam wurde ihm besser. Da kam aus unserem Sowchos ein Brief von Mama: «Komm nach Hause. Ich bin schon am Ende mit meiner Kraft. Kartoffeln müssen ausgegraben werden. Birutė hat einen Unfall gehabt.» Ich ließ meinen Mann in Marias Obhut und fuhr zurück. Damals begann das Leiden mit Birutė. Sie war vom Schlitten gefallen, auf die hartgefrorene Erde, und mit der Stirn aufgeschlagen. Sie erzählte es mir, auf einer Milchkanne saß sie, als der Schlitten kippte. Ihr Gehirn war erschüttert. Erst sorgten wir uns nicht besonders, sie bekam etwas Ruhe verordnet. Doch dann traten die Anfälle auf. Birutė hatte schon die Mittelschule beendet und wollte in die medizinische Hochschule in Atschinsk eintreten. Die Ärzte rieten ihr, ein anderes Fach zu nehmen. Erst mußte sie gesund werden. So blieb sie bei uns im Sowchos, hat mit den Ochsen Wasser gefahren, aus dem Flüßchen Serjosch geschöpft und überallhin gebracht, wo Wasser gebraucht wurde. Alle paar Wochen überfiel sie das Elend.

Bald nahmen sie Konstantin aus dem Krankenhaus, kurz vor Weihnachten 1952. Ganz schwach war er, wie man sagt, ein Rekonvaleszent. Er war nervös. Mal fiel er übers Stroh, mal eckte er am Herd an und kippte. Wenn Männer krank sind, das ist anders, als wenn Frauen krank sind. «Menschenskind», sagten die Estinnen, «du wirst was durchmachen!» Die eine hatte auch einen kranken Mann, sie konnte ihm nichts recht machen. «Ich nehm die Axt und schlag ihn tot», so sagte sie mehrmals. Ich dachte, so weit wird es bei uns nicht kommen. Aber man mußte sich wahrhaftig zusammennehmen. Mal schlug er vor: «Ihr könnt das Fleisch essen, ihr arbeitet. Mir gebt die Butter und die Sahne, daß ich mich erholen kann.» Das haben wir so gemacht. Wir kochten Gemüsesuppe, Stückchen Fleisch drin, Brot dazu und waren zufrieden damit. Wie er unsere Suppe sah, war er böse. «Ihr macht weiter nichts, ihr eßt immer nur und eßt und eßt und immer nur Fleisch.» Was solltest du dazu sagen? Eine Frau kann leichter entbehren. Ein Mann wird fuchsteufelswild, wenn er nicht genug zu essen hat.

Er konnte nicht schlafen. Wenn ich neben ihm lag und mich bewegte, störte ich ihn. «Also, ich werde umsatteln und mich in die Vorstube legen.» Nach einem Tag änderte er seine Ansicht. «Ich weiß schon, was du willst. Du willst dir bloß andere Freunde anlocken da draußen.» Das war schlimm, auch ihm war es schlimm. Er war so hilflos, alles bedrückte ihn. Alles nahm er so schwer. Da mußt du Erfahrung haben, auch Besinnung. Nichts machten wir richtig. Wir haben zuviel gegessen, unnötig liefen wir herum, wir faßten keine Arbeit an. Sechs Menschen waren wir in diesem einen Raum, das mußten wir all die Jahre so durchhalten.

Nachher habe ich ihn immer getröstet: «Wir machen alles nicht gut. Wir verstehen dich nicht, kann schon sein. Aber jetzt, wo du krank bist, mußt du bei uns bleiben. Anders geht es nicht. Wenn du wieder in Ordnung bist, dann kannst du tun, was du willst. Dann kannst du, wenn du willst, alleine gehen. Nur jetzt bist du noch zu schwach.» So hab ich ihm über die schwere Zeit hinübergeholfen. Womöglich habe ich durch meine Energie auch das gute, sanfte Eheleben zerstört. «Süß» und «sanft» wie die Frauen in den Büchern, die ich so gerne las, konnte ich niemals sein.

Es hat lange gedauert, bis mein Mann wieder auf die Beine kam. Richtig arbeiten konnte er nicht mehr. Mein Vater und ich waren die einzigen Verdiener.

Niemand wußte, wie lange das Schicksal uns hier behalten würde. Bis zu dem Abend, wo ich bei Aschkanis saß, dem litauischen Nachbarn und seinen beiden Söhnen. Wir hockten vor ihrem Kellerloch, der Alte erzählte von zu Hause irgendwas. Und der Mond stand so schön.

Mit einem Mal fiel eine Sternschnuppe! Von hinten sauste sie heran und dann vorne herunter. Ich schrie: «Namo, namo, namo!» Wenn eine Sternschnuppe fällt, muß man sich etwas wünschen. Die ist verrückt, dachte der Aschkanis wohl. Was schreit sie nur? «Namo! Nach Hause!» Wir werden nach Hause fahren, ob in diesem oder im anderen Jahr. Bald werden wir entlassen. Nicht lange danach hieß es, Stalin ist krank, dann: Stalin ist tot.

«Stalin ist tot!» Ich rannte gleich zu Tanners mit der guten Nachricht. Frau Tanner fiel auf die Knie und dankte Gott. Wir umarmten uns, küßten uns. Wir wußten ja nicht, was weiter passieren würde. Aber daß Stalin tot war, konnte nicht schlecht für uns sein. Vor lauter Freude haben wir abwechselnd geweint und gelacht. Zeigen durfte man seine Gefühle nicht. Wer der Nachfolger von Stalin war, ist mir entfallen. Auf jeden Fall brachten sie im Radio die Parole, wir würden entlassen werden. Zuerst diejenigen, welche bei der Roten Armee gedient haben. Da fielen wir drunter, weil mein Mann doch kurzzeitig in Ostpreußen unterwegs war mit denen.

Gleich suchten wir unseren Kommandanten auf. Wir mußten ohnehin jede vierzehn Tage uns dort melden, ob wir noch da sind. Das war auch so ein Mensch, der nicht freiwillig hier war. Der war von Moskau strafversetzt worden auf diesen Punkt. Wir kreuzten mit drei Frauen auf, und er war schon angetrunken. «Towarischtsch Kommandant, wir haben gehört, daß wir bald nach Hause können. Wann wird das genau sein?» Der Kommandant fragte zurück: «Aber warum?» Er wühlte so in seinen Papieren, wie wenn er sich festhalten müßte. «Warum wollt ihr nach Hause? Habt ihr hier nicht zu essen? Habt ihr hier nicht zu trinken? Arbeit habt ihr auch.» Wir sagten: «Trotzdem wollen wir nach Hause.» Er wieder: «Wir haben euch doch nicht rausgeschleppt. Das waren eure Landsleute. Wir haben euch aufgenommen hier. Seid zufrieden und geht an die Arbeit.»

Als wir rauskamen aus seiner Amtsstube, mußten wir schnell laufen, damit wir nicht schon im Gang losplatzen mußten. Schlau wie wir waren, so schlau gingen wir auch. Wir haben uns krankgelacht draußen. Der Kommandant war benebelt, der wußte buchstäblich nichts. Man hätte ihn noch fragen sollen: «Und Ihnen, gefällt es Ihnen hier vielleicht besser?» Wir waren gewöhnt, still zu sein. In Gedanken machten wir uns schon fertig zum Abschied. Wirklich dauerte es noch eine ganze Zeit, bis wir unsere Pässe erhielten. Meiner war verschwunden, trotzdem machten wir uns 1956 auf den Weg. Mein Mann mußte unterschreiben, daß wir nicht in unseren Heimatrayon zurückkehren werden. Für die Kosten der Reise mußten wir selber aufkommen. Dafür fuhren wir diesmal nur acht Tage und acht Nächte.

Bitėnai war fremd

Neulich schrieb meine Freundin Liesi aus der Pfalz: «Hast Du schon genug erlebt?» Die Liesi erinnert mich oft daran, wie wir klein waren und ich immer sagte: «Menschenskind, es ist so eintönig hier. Wenn ich doch was erleben könnte!» Mir war so langweilig in Bittehnen. Jeden Tag dasselbe. Sommer, Winter, Frühling, ich stellte mir etwas anderes vor. Was Besonderes, was mich bis ins Innerste erschüttert. Ich habe nie gedacht, daß man kein Brot haben kann, damals. Und als dann alles so hereinbrach, dann stand ich da. «Hast Du endlich genug erlebt?» fragt die Liesi. Darüber muß ich sehr lachen heute.

Von Sibirien kehrten wir nach Bittehnen zurück. Das Verbot kümmerte uns nicht. Wohin hätten wir sonst gehen sollen? Als wir hierherkamen, waren Menschen drin in unserem Haus. Sie hatten es unterteilt in mehrere Wohnungen, es waren alles Litauer. Einer sprach gleich: «Ich zieh nach Bardehnen, da ist auch noch Platz. Ihr könnt dableiben.» Er war anständig und ließ uns herein. Aber die anderen waren nicht zufrieden. «Das ist jetzt unseres. Ihr gehört nicht daher.» Diese wünschten uns ins Pfefferland. Für die waren wir die «Faschisten», die «Hitlerininkai». Mit solchen als Nachbarn lebten wir kurze Zeit Wand an Wand. Vor der Tür mußten wir jedes Mal über der ihren Dung drübersteigen. Nur Küche und Zimmer hatten wir mit sechs Personen.

Mein Mann arbeitete in dem Laden, ehemals Fabian, als Verkäufer. Dort lernte er den Leiter vom Kolchos kennen. Der war Russe, der trank gern. Und weil im Geschäft von dem Schnaps und allem zu haben war, hat ihm Konstantin immer spendiert, wenn er in der Gegend zu tun hatte. Später brachte er ihn auch mit zu uns, hab ich Fische gebraten und Schinken aufgeschnitten.

Schließlich sagte er zu meinem Mann: «Geh aufs Gericht. Sieh zu, daß du Haus und Stall zurückbekommst. Die brauchen das nicht. Der Kolchos hat Wohnungen für die Arbeiter genug.» Wirklich gingen wir vor Gericht, und wir hatten Erfolg. Den großen Stall gaben sie uns nicht, da hielt der Staat die Hand drauf, nur den kleinen, die Scheune und das Wohnhaus. Das hat wieder der Konstantin bewirkt. Überall wo er hinging, er kam immer durch. Er verstand umzugehen mit den Natschalniks, mit denen war er immer gut Freund. In Rußland hat er uns rausgerissen, er hat uns auch hier rausgerissen. Wenn ich auch oft mit ihm nicht zufrieden war, für diese Zeit, für diese Lage, in der wir waren, war er genau der richtige Mann.

Wir waren zu Hause, wir waren unter uns. In Bitėnai, sie nannten den Ort jetzt litauisch. Wir haben wieder gearbeitet. Wir hatten zu essen und zu trinken, schafften uns wieder eine Kuh an. Land war nicht viel. Bloß 50 Ar durfte jede Familie besitzen. Sie waren ganz verrückt damals. Du durftest nicht zehn Quadratmeter mehr haben, dann wurdest du gleich bestraft. Die Nachbarn haben sich gezankt und gegenseitig heimlich gemessen, wieviel hat der, wieviel hab ich. Du bist schuldig, sagten sie aufeinander. Sie waren neidisch, alle. Vor unseren Augen haben sie die Scheune abgerebbelt, am Tage, wir störten sie nicht. Wer Ziegel brauchte, ging stehlen bei uns. «Wozu brauchen Sibirienmenschen eine Scheune, wenn niemand eine hat?» sagten unsere neuen Nachbarn. Wir brauchten sie wirklich nicht. Mir tat es vor allem leid um die beiden Storchennester, die dabei kaputtgingen. Jetzt hatten wir nur noch eines auf dem großen Stall.

Gott sei Dank haben sie nicht gesucht nach uns. Ich hatte noch nicht mal einen Paß. In Jurbarkas habe ich mich dann registrieren lassen, über Bekannte. Damals ging das noch zu machen, brauchtest bloß ein paar gute Rubel zustecken, und sie regelten alles. Viele haben einen Bedarf gehabt, viele haben ihre Namen geändert. Eine Margareta Stankeitis, die ich kannte, die hatte sich versteckt, damit man sie nicht nach Sibirien brachte. Eigentlich hieß sie Ida Stakutis. Ihr Mann hat einen vom Amt bedeibelt oder bestochen, daß er einen neuen Paß besorgt. Unter dem falschen Namen ist sie untergetaucht, unter falschem Namen auch gestorben und beerdigt.

Wie wir von Sibirien zurück waren, träumte meine Mutter die Nacht: Sie fand drei Brotlaibe vor der Haustüre. «Drei Jahre werde ich noch leben», verkündete sie uns. Genauso war es. Sie starb nach drei Jahren mit siebenundsiebzig.

Birutė hat von ihrem ersten verdienten Geld der Oma einen Grabstein aus Klaipėda gebracht.

Damals war Birutė so krank. Sie litt so schrecklich unter diesen epileptischen Anfällen, hat aber trotzdem gearbeitet. Sie hatte mit großer Willenskraft und Anstrengung die kaufmännische Schule in Vilnius beendet. Und bekam dann Zuweisung für Klaipėda, drei Jahre das Stipendium abzuarbeiten. Das war ihre schlimmste Periode, mit dreiundzwanzig Jahren. Sie hatte eine Stelle in einem Geschäft, abwiegen, abrechnen und alles. Sie sagte immer, wenn sie schon vor der Tür stand am Morgen, dann war sie schon schweißnaß. Sie konnte nicht einfach ruhig und gewissenhaft ihrer Arbeit nachgehen. Damals mußtest du kombinieren, wie den Plan erfüllen, der vorgeschrieben war. Es wurde geschmuggelt, es fehlte Ware, und dann kamen Kontrollen. Die Leiterin war ihr nicht gut, weil Birutė so ehrlich war. Dem war sie nicht gewachsen. Sie mußte ins Krankenhaus, sechs Monate in Klaipėda.

Da war ein sehr, sehr menschlich verständiger Arzt. Er hat sich viel mit ihr beschäftigt. «Weißt du, du mußt Geduld haben. Du mußt wollen, an dich selbst erziehen.» Birutė war fertig. Dann war sie, wenn ein Anfall kam, nicht zurechnungsfähig. Wenn es vorbei war, wenn sie wieder auf dem Posten war, ging sie zu den anderen Kranken, hat zugedeckt, hat gefüttert. Die war so, die ließ sich nicht kleinkriegen. Sie wäre eine gute Ärztin geworden. Schließlich entließ man sie mit Invalidengruppe zwei. Sie war zu Hause in Bittehnen, und es war sehr schlimm. Die Anfälle wurden immer schwerer und öfter. Was habe ich nicht alles versucht! Wer nur was wußte, alles habe ich mit ihr experimentiert. Sogar den Rat einer Zigeunerin beherzigte ich. Wenn jemand im Dorf gestorben war, lief Birutė gleich hin, weinte und haderte mit Gott. «Warum darf ich nicht sterben, sondern dieser

Mensch?» Acht Jahre verstrichen, dann erloschen die Anfälle von selbst.

Auch die Ina ist ihren Weg gegangen. Von klein auf war sie schon die Lehrerin. Wenn sie den Mitschülern etwas vorlas, die mußten gehorchen, die mußten mitschreiben, mitsprechen. Sie war die geborene Lehrerin! Sie war in Vilnius in die Universität eingetreten, aber mit dem Vermerk: «Falls Moskau es zuläßt.» Bei den Sibirienmenschen waren sie besonders streng. Nach vielem Hin und Her erhielt sie die endgültige Genehmigung. Geheiratet hat sie einen Kollegen, den Stasys, aber da war sie schon Lehrerin in Schmalleningken. Birutė, obwohl sie älter war, heiratete sehr spät erst. Sie traf einen Mann in Vilnius, während der Ausbildung. Sie hat das Verhältnis beendet, sie hat gekämpft, weil sie doch krank war. Sie war eisern, fleißig, es fiel ihr schwer. Aber sie riß sich das alles direkt mit den Fingern aus der Erde. Mit ihrem Alfredo hat sie keine Kinder, bei ihrer Heirat war sie schon aus dem Alter heraus.

Nach Sibirien waren keine besonderen Vorkommnisse mehr. Ich war im Hause, wie ich es liebte zu sein. Mein Vater half mir im Garten. Er war noch ganz stabil und wollte gerne arbeiten. «Solange ich arbeite, lebe ich.» Das war seine Devise. Konstantin hatte seinen Laden. «Bei Kondratavičius hat immer alles gestimmt», hieß es, wenn die Kontrollen kamen. Bei ihm funkte alles. Der hatte seine Bücher in Ordnung, das gab es in ganz Litauen nicht. Im Lande war es ruhig, so alles in allem war es nicht schlecht. 1958, im Jahr, als Mutter starb, haben wir Strom ins Haus gekriegt. Manchmal, schon unter Chruschtschow, brachte der Postbote einen Brief aus Deutschland, das heißt aus der DDR. Dort hatten sie auch zu kämpfen, wie sie schrieben. Mit den Briefen war es nicht ungefährlich. Ich schrieb vorsichtig, die drüben bemühten sich auch, keine Fehler zu machen. Einmal ist mein Mann mit mir auf die Post gegangen und hat gesagt: «Alle Post, die meine Frau losläßt, die vernichtet!» Er hatte Angst wegen der Geheimdienste, und er mochte die Deutschen nicht.

Seit 1958 waren wir in Bittehnen und der ganzen Umgegend die einzigen von vor dem Krieg. Alle, die sonst noch waren, nahmen ihre Papiere, und ab. Ein ganzer Waggon voll, ab und raus nach Deutschland. Unsere Tante Trude, die hatte noch gezögert. Sonntags besuchte sie uns von Bardehnen aus, erst auf den Rombinus rauf, wo der Sohn begraben ist, und dann zu uns zum Kaffee. Plötzlich sagte sie bei der Suppe: «Ich will auch raus!» Ich war überrascht. «Du bist alt, Trudchen. Niemand wartet dort auf dich.» Aber sie war fest entschlossen. «Wenn ich dort sein werde, werde ich mich fein anziehen. Ich habe noch ein schickes Kostüm. Das ist für hier zu schade.» Mir war das nicht einleuchtend. «Wer kennt dich denn dort? Wer weiß, wer du bist? Wenn du das schönste Jackett anhast, da gehen die Menschen an dir vorbei. An der Memel bist du bekannt. Oder doch wenigstens früher geachtet und geehrt.» Tante Trude blieb stur. Ob sie glücklich war und zufrieden in Deutschland, hat sie mir nicht geschrieben. Ihre Nichte hat meiner Cousine mal gesagt und die hat es mir gesagt, daß Trude sich mit ihrer Schwester nicht vertragen hat und allein lebte. Sie war nicht lange dort im Westen, ein paar Jahre später war sie tot.

Wir hatten vom Reisen genug, für uns war die Sache klar. Mein Mann war Litauer, der wollte überhaupt nicht raus. Mama wußte, ihr blieb nur wenig Zeit. Sie wollte auf dem Rombinus begraben werden. Vater machte immer das mit, was wir machten, was wir wollten. Meine Mädchen waren schon Menschen von der Sowjetunion, sie kannten doch fast nichts anderes. Und ich? Selbst wenn ich alleine gewesen wäre, ich wäre auch nicht gefahren. Zweimal hat uns die Lida Tanner besucht in Bittehnen. «Haben wir es in Sibirien nicht schön gehabt? Wunderschön?» fragte sie oft. «Ja.» Sie hatte recht. Ich mußte ihr das zugeben. In Sibirien war das Leben schöner. «In Sibirien», sagt die Ina immer, und die war doch noch klein dort, «trafen wir gute, sogar edle Menschen.» Als wir zurückkamen, waren keine mehr da, die geistig mit uns harmonierten. Alles Fremde, die hatten andere Ansichten, andere Probleme.

Lida war ein Jahr in Kanada gewesen bei ihrem Bruder Daniel, erzählte sie. «Warum bist du denn nicht bei ihm geblieben und seiner Familie? In Tallinn bist du alleine.» Die Lida war ein wahrhaftiger Mensch, ich bewunderte das an ihr. «Weißt du, wer will schon eine alte Tante behalten», sagte sie. Vierzehn Tage hat sie bei uns gewohnt und alles berichtet von Amerika. Später wollte ich sie in Tallinn sehen, das war schon kurz vor ihrem Tode. Da brachte mich die Ina zum Bus nach Tilsit um ein Uhr nachts. Er war voll, kein einziger Platz war. Ein paar Tage darauf haben wir es noch mal versucht, wieder war es so. Ich habe geweint. Zwei Monate danach empfingen wir die Nachricht von Lidas Tod.

Konstantins Tod

Mein Vater starb 1969. Ein paar Monate fehlten ihm an fünfundachtzig. Im Februar starb er, und im Juli wäre sein Geburtstag gewesen. Vater war immer gesund, nur einen Monat krank vor dem Tode. Er war mir eine große Stütze, mit ihm war leicht zu leben. Aus meiner Kinderzeit, wo er mir meine Wildheit vorwarf, war spätestens nach dem Sibirien kein bißchen übrig. Vor allem seit Mutters Tod waren wir ein Herz und eine Seele. Wenn ich melken gehen wollte, nahm er mir den Eimer aus der Hand wie ein Kavalier. Vater sang immer bei der Arbeit. «Jungheinrich zog zum Kriege, widibumsfallera, juchheirassa.» Er sang leise, nur für sich und mich.

Vater und ich scherzten oft miteinander. «Wenn du die Blumen nicht hättest», schimpfte er, «könntest du leben wie eine Gräfin.» Ich sagte dann immer: «Also nimm die Sense, hau alles ab und laß Kraut wachsen.» «Nu», meinte er, «ist vielleicht doch nicht das richtige.» Vater saß auch gern im Garten und guckte. Das hilft über alles hinweg. An seinem letzten Tag rief er: «Wo ist die Lena?» Ich faßte ihn um und schrie in sein Ohr: «Ich bin da.»

Mein Mann hatte drei Herzinfarkte. Die gesunden Zeiten wurden immer kürzer. Die Zeiten, wo er im Krankenhaus lag, immer länger. Aus Kaunas kam er einmal als halbe Leiche, so brachten sie ihn mir nach Hause. Er muß im Krankenhaus gefallen sein, das Auge war blau. Keiner wußte, wie das war. Er sagte, er weiß es auch nicht. Er verstand sich zu schonen, und wir haben ihn geschont. «Kümmer dich nicht, ich mach das schon. Laß stehen, du sollst nicht tragen.» Immer haben wir ihm abgenommen die Last. Jeden Augenblick sind wir ihm beigesprungen. Nicht bücken, sagten die Ärzte, nichts Scharfes essen, nicht so viel auf einmal essen. Mein Schwiegersohn, Irenas Mann, hat nachher zu mir gesagt: «Du hast uns den Vater noch mindestens zwei Jahre länger erhalten mit deiner Aufsicht.» Konstantin war dieser Meinung nicht. Wir machten ihm alles nicht gut. Er nahm alles so tragisch, so schwer. Deswegen büßte er auch sein Herz ein. «Du bist so leichtsinnig», sagte er oft zu mir. Ich war stärker mit dem Herzen. Und ich habe aus den Romanen gewußt, wie Menschen kämpfen und sich aufgerappelt haben.

Im August 1979 war die Zeit, mein Mann wollte unbedingt ins Krankenhaus. Wir nahmen ein Auto vom Nachbarn.

Birutė fuhr mit und Žilvinas, unser erster Enkel. Unterwegs mußten wir ein paarmal anhalten und Luft reinlassen. In Klaipėda, vor dem Krankenhaus, brach er zusammen. Wir durften nicht zu ihm rein. «Er braucht Ruhe», verordneten sie. Birutė lebte damals schon in Klaipėda und kümmerte sich um alles. Ich war am Abend wieder in Bittehnen, Irena leistete mir Gesellschaft. Ein paar Tage vergingen, da klopfte es am Fenster. Es war Birutė. «Irena, der Vater will dich sehen.» Mich wollte er nicht sehen. Mich wollte er nicht haben. Ich war nicht gut. Irena und Birutė fuhren, die Schwester ließ sie ein paar Minuten herein. «Wenn mir ein bißchen besser ist, soll die Mama auch kommen.» Das sollten sie mir mitteilen. Irgend etwas muß in ihm vorgegangen sein, daß ich dann kommen konnte. Und ich geriet nicht. Ob der Bus nicht fuhr oder was war, das weiß ich nicht mehr. Zwei Tage später erschien Birutė abends in Bittehnen. Sie kam herein und steckte mir etwas in den Mund. Was sie mir steckte, habe ich geschluckt. Sie sagte: «Vater ist tot.»

Ich hab nicht geschrien. Ich hab nicht die Hände gerungen. Ich war zufrieden. Ich wußte, es mußte so sein. Einmal kommt das Ende. Daran ist nichts zu machen. Hätte ich aber diese Tablette nicht bekommen von Birutė, dann wäre es vielleicht nicht so gegangen. Es war, wie wenn mich einer geschnürt hätte. Die Mädchen haben alles organisiert. Und dann brachten sie ihn im Sarg. Das war alles.

Konstantin hat immer in dem hinteren Zimmer gesessen und Radio gehört. Du durftest nicht mal atmen, alles, alles mußte er hören. Wenn ich ein bißchen lauter durch die Türe ging, wurde er schon nervös. Vielleicht hat er auch schon schwer gehört? Oder vielleicht wollte er, daß keiner weiß, daß man hörte. Amerikas Voices, die Stimme von Amerika, die brachten immer besondere Nachrichten. Die ersten drei Monate, wo ich alleine war, bin ich in das Zimmer nicht reingegangen. Ich hab mir immer eingebildet, er sitzt dort drin vor seinem Radio. Und dann soll er seine Ruhe haben, soll er sitzen und fertig. Ich hab am Herd gestrickt oder den Tisch mir rangezogen unter die Lampe.

Die Kinder kamen am Wochenende, die fuhren sonntags abends wieder weg. Den Winter über war ich ganz allein. Es waren die Wege verpustet mit Schnee. An Heiligabend war es auch so, da haben die Nachbarn gesagt: «Komm bei uns zum Essen.» Die Katholiken machen es anders als wir. Ich sagte: «Nein. Ich kann nicht. Ich geh nicht raus.» Anderntags kam dann doch die Irena durchs Schneegestöber. Mit den zwei kleinen Jungen, Žilvinasund Mindaugas, ist sie zu mir gewatet.

Wunschkonzert aus Österreich

Dieser Winter war so kalt, draußen fror es mehr als dreißig Grad. In der Küche waren bloß sechs Grad Wärme, in meinem Schlafzimmer zwei. Plötzlich dachte ich: Du hörst Radio! Mit einem Mal kam mir das. Mensch, das ist ja alles so interessant! Wenn ich schon aufstand, habe ich mir den Apparat eingestellt auf laut, daß ich überall hören konnte. «Hier spricht die Deutsche Welle. Hier spricht die Deutsche Welle.» Früh, während ich Feuer machte, fingen sie schon an, bis ich in den Stall ging. Aber sie sprechen dort so schnell, die Worte fließen so vorbei.

Besser war der österreichische Rundfunk am Abend. Die waren so kurz und bündig, alles war verständlich. Und diese Färbung in der Sprache, das sang ein bißchen, das klang im Ohr. Der Papst kam von Rom nach Wien und sprach. Ich weiß noch, der Bruno Kreisky war lange Bundeskanzler, der hatte so eine warme Stimme. Er sagte, wenn jetzt die Päpste schon anfangen, Politik zu machen, dann bleibt für uns schon nichts mehr zu tun übrig. Das hat mir gefallen. Später haben sie ihn nicht mehr gewählt, den Kreisky. Da war er auch schon krank, und er sagte wieder so ruhig: «Wenn es sein muß, werde ich den Hut nehmen und gehen.»

Dann saß ich über der Nähmaschine, und wieder hatten sie ein anderes Programm. Dann bat ein Naziverbrecher um Gnade, wollte ruhig nach Hause kommen, nach Österreich, und dort sterben. Unsere Ina hat sich so darüber aufgeregt, als ich ihr davon erzählte. «Alle Verbrechen hat er begangen, was er nur wollte. Warum soll er jetzt seine Ruhe haben, wo er so viele Menschen unter die Erde gebracht hat?» Ich sprach für ihn, im Radio waren auch so manche Gründe vorgebracht, daß man verzeihen soll. Ina war hart: «Keine Verzeihung.»

Die überlegten so vieles in Österreich, wo wir hier nicht drauf kamen. Nicht nur Politisches, auch Tiere, auch Geographie hatten sie im Programm, oder über die Liebe, wie sie dort modern ist. «Sex», meinten sie, ist ebenso wichtig wie Brot. Sex und Freiheit, in der Kombination brachten sie das immer. Das Wort war von England oder von Amerika. Ich hab den Sex nie gemocht. Ich wollte immer Spaß machen oder so nett sein. Ach du lieber Gott, und in dieser verwirrten Zeit, wo du auf dem Pulverfaß sitzt, alle sind angeschlagen. Du liegst mit sechs Menschen in einem Zimmer. Wir hatten doch keine Gelegenheit, zusammenzukommen. Und noch einmal die ganze Zeit erbrechen, wer will das schon? Seit wir von der Flucht kamen 1945, war das vorbei. Konstantin war auch nicht so leidenschaftlich veranlagt. Wie es in den Büchern steht von Leidenschaft und ewig auf jemanden warten, um ihn kämpfen, so ist das Leben nicht.

Besonders hat mir gefallen, wie die Österreicher den Wein verehren, und natürlich die Konzerte und Lieder. Einmal war Pfingsten, der Samstag davor. Ich hatte die Türe schon mit Birken geschmückt, und der österreichische Sender gab das Wunschkonzert per Telefon. Von elf Uhr abends bis spät, spät, ich weiß nicht wie lang. Ich legte mich zu Bett, das Radio an der Seite. Der Kommentar machte immer die Verbindungen. «Ach, Sie wohnen in Australien?» – «Ja», der schrie so richtig ins Telefon, «ich verfolge eure Sendungen und warte darauf.» Aus aller Welt haben die Menschen etwas angefordert. Der eine wünschte sich dieses Lied, der andere jenes. Ein Mann aus Dänemark wollte einen Marsch, er kriegte seinen Marsch. Die Frau wieder von irgendwo wollte für ihren Gatten die «Götterfunken», so ging das am laufenden Band, die ganze Nacht. Waren viele Lieder, die ich auch kannte. «Auf der Heide blühn die letzten Rosen, braune Blätter fallen müd vom Baum, und der Herbst, der küßt die Herbstzeitlosen, mit dem Sommer schwand mein süßer Traum. Holde Jugend, holde Jugend, kehr doch noch einmal zurück.»

Beim Wunschkonzert mußte ich immer weinen. Vielleicht ist mal ein Bittehner, dachte ich, vielleicht ist da einer im Radio und grüßt mich, der Willy oder der Karl, Fritz vielleicht, wer weiß. Damals war doch an Besuch nicht zu denken. Da war noch der Eiserne Vorhang zwischen uns. Von Österreich aus haben sie auch jeden Tag mitgeteilt, was bei uns los war. Von Breschnew und wie sie alle betrogen haben, ich hab mich direkt erschreckt. Wie schlecht unsere Fabriken arbeiten oder wer ins Gefängnis gesteckt wurde oder über Spione. Wie der Andropow die Herrschaft an sich gerissen hat, weiß ich noch, und wie gleich anschließend der Gorbatschow rankam.

Wenn der Rundfunk nicht gewesen wäre, ich weiß nicht, was aus mir geworden wäre. Einmal, als der Apparat gerade kaputt war, schien der Mond so schön hinter dem Baum. Ich hockte auf dem Bettrand und hab an diesen und jenen gedacht. Dann schob sich eine Wolke davor, es wurde dunkel, dann lugte der Mond wieder hinter den Zweigen. Den ganzen Abend habe ich gesessen und mit dem Mond gespielt. Damals schrieben die Bittehner schon, einige waren, die wußten, ich bin noch hier. Sie schickten immer Grüße. Grüß den Margensee! Grüß den Rombinus! Einer grüßt diese Stelle, die Liesi grüßte die Paradiesstraße. Das mußte ich immer alles vermitteln. Auch die Urte Jankus, mit der ich zum Privatunterricht ging bei Försters, schickte Briefe schon aus Chicago. Sie hatte mit dem Bein zu tun, weil sie rauchte wie ein Schlot. «Wenn ich könnte nach Hause kommen», schrieb sie, «und könnte von einem Kahn mein Bein in die Memel stecken, dann würde es gesund werden.»

In dem Jahr, nachdem mein Mann starb, wie ich so alleine war, kam ein Storch auf das Dach vom großen Stall. Den ganzen Sommer stand er, und ich habe immer geguckt. «Du bist so alleine, wie ich auch alleine bin», sagte ich zu ihm. Vielleicht war seine Frau verunglückt in Afrika? Die Störche heiraten doch nur einmal, die wechseln nicht wie andere jeden Sommer. Am Nest hat er noch gebaut, aber er hat niemanden gefunden zum Zusammenleben.

Die Rose

Vor zehn Jahren, mit siebzig, war ich noch kräftiger. Jetzt frage ich mich oft, ob ich noch durch den Tag komme. Morgens zuerst wasche ich mich. Wenn ich mich morgens nicht wasche, dann komm ich den ganzen Tag nicht mehr dazu.

Um sechs stehe ich auf. Ich muß meine Füße einfetten und rollern. Die Erna aus Bad Kreuznach hat mir so ein Gerät geschickt zur Massage, das hilft. Dann waschen, Haare kämmen, Mütze rauf, Eimer geschnappt und in den Stall. Den Dung machen, im Winter noch vorfüttern, die Rose melken. Vor einer halben Stunde oder fast einer Stunde kommst du da nicht raus. Die Milch muß um halb acht schon am Punkt sein. Abliefern dauert auch seine Zeit. Manchmal ist eine Schlange. Manchmal sind die Frauen, wo messen und den Fettgehalt kontrollieren, müde. Wieder ins Haus, Feuer machen, Frühstück, kehren. Die Rose anpfahlen auf der Wiese, Hühner und Gänse füttern. Dem Charles sein Essen hintragen, der Arme muß immer bis zuletzt warten. Auch früher kamen die Kettenhunde zuallerletzt. Und dann mußt du schon denken, was du zu Mittag machst. Mittag muß ja auch sein.

Ein besonders schwerer Tag ist, wenn ich ins Geschäft gehen muß. In Stallklamotten geht das nicht, also eine andere Hose raufziehen, das ist mühsam. Das Wägelchen mitnehmen, die Tasche rein. Früher hab ich immer geschleppt. Im Sommer, wenn es heiß war, warst du fast ausgekocht. Jetzt hau ich alles in den Wagen rein. Am Dienstag und Donnerstag kommt frisches Brot. Dann muß man aufpassen, es ist nicht immer Mehl da. Eins, zwei, drei ist alles ausverkauft.

Wenn ich morgens den Tee ausgetrunken habe, dann geht es bis mittags ganz gut. Im Herbst und Winter besonders, da bin ich erkältet, da ist mir schon vor dem Mittag kodderig. Dann hab ich Dung gehoben und mir beide Arme verdorben. Jede Kanne, jeder Eimer verursacht Schmerzen. Man quält sich so ab. In meiner Wirtschaft habe ich noch fünfzehn Hühner, zwei Gänse und ein paar Pütlein. Wenn es eben zu bewältigen ist, mäste ich ein Schwein. Die Bella will fressen, der Charles will fressen. Hunde braucht doch ein Hof zur Sicherheit. Vom Garten will ich gar nicht reden. Das

Unkraut wächst schneller, als ich jäten kann. Birutė macht die Bienen, seit Konstantin tot ist. Für Honig kann man in diesen Zeiten viel eintauschen, fast so wie mit Wodka.

Mit dem Wirtschaftsleben ist es hier nicht so weit her im allgemeinen. Weil der Sowchos meinen Stall in Beschlag legt, seh ich sie durch all die Jahre vor meiner Nase. Da sind Männer, die könnten Bäume ausreißen, die stehen stundenlang, stehen oder hocken und saufen. Das halbe Mehl, das für die Tiere gedacht ist, versaufen sie. Auch das Getreide, auch Combicorn und alles. Die Säcke haben Beine und laufen nur so davon. Dann wieder füttern sie Brot für das Vieh. Brot ist billig. Das ist mir schändlich. Das Brot ist etwas Teures, das muß man sehr achten. Für die Tiere haben wir früher niemals Brot gegeben. Manches Mal wurden Brotkrusten aufgeweicht und verfüttert. Aber extra Brot kaufen und in den Trog, nie im Leben! Für die Rose mache ich, wenn sie einen schlechten Tag hat, eine Ausnahme. Ein, zwei Scheiben dazu, sie schubst mich dann nicht so beim Melken.

Das ganze Reich lebt nur vom Stehlen. Ist das eine Arbeitswirtschaft? Wie kann man da hochkommen? Sagen kannst du nichts. Mich fragt ja auch keiner. Wenn ich mit der Rose durch die Paradiesstraße ziehe, singe ich ab und zu dieses eine Lied:

«Wir leben sowieso,
Wir leben sowieso,
Wir leben sowieso nicht lange mehr.
Das macht der Sauerkohl,
Das macht der Alkohol, das macht der Suff.
Wir gehn kapillewillewitt, wir gehn kaputt.»

Das sangen früher in meiner Jugend die Saufbrüder beim Zechen, wenn sie angeheitert waren. Wir haben das gehört und nachgeahmt als Kinder. «Wir gehn kapillewillewitt, wir gehn kaputt.»

Wenn ich zum Beispiel einen Traktor brauche, mein Stückchen Land zu pflügen, muß ich bestechen. Zwei Flaschen, drei Flaschen Wodka, die Preise steigen alle Jahre. Eigentlich müßte der Sowchos den alten Leuten das umsonst geben. Als Gegenleistung, wir haben immer bei denen gearbeitet. Wir müssen unsere Norm erfüllen, bis wir auskippen. Wenn du nicht gehst Kartoffel klauben, bekommst du kein Heu für deine Kuh. Ob einer Hexenschuß hat oder die Hüfte schmerzt, ist ganz gleich. Neulich, im Herbst, ging ich morgens in die Kartoffeln vom Sowchos. Ich wollte selbst neue Saat haben, und sie erlaubten mir zu nehmen. Bloß, wie kriegst du sie nach Hause über drei Kilometer? Am Mittag, in der Pause, bekam ich Pferd und Wagen ausgeliefert und konnte fahren. Ich mußte schnell machen, die warteten. Schnell in den Keller, aber ich wollte doch auch essen. Es war keine Zeit, ich sprang nur kurz in die Küche rein. Ich fand vom Frühstück noch so ein Stückchen Spirgel und einen Kanten Brot. Rauf auf den Wagen, das Pferd angetrieben, und los. Das hat geschmeckt! Wie doll, paradiesisch!

«Wie kann man nur Speck essen?» schrieb meine Freundin aus Kalifornien. Da dachte ich: Kommt mal, macht mal solche Touren mit. Sie ist eine ehemalige Schmalleningkerin und war schon früher etwas vom feineren Stamme. Der hatte ich wohl etwas von unserer Blockade geschrieben, daß Moskau die Litauer aushungern will. «Ich habe keine Angst vor der Blockade. Ich habe Speck und einen Eimer mit Schmalz stehen. Was kann mir da passieren?» Sie hat mit der Tochter so gelacht, schrieb sie zurück: «Lena ißt Schmalz und Speck. Wir essen das nicht mehr. Wir denken nicht mal mehr daran in Amerika.» Die hat gut reden. Mir ist der Speck so lieb wie das Brot. Nach dem Krieg, wenn die Frau Krüger mit dem

Hansi bei uns vorbeikam, schenkte ihr die Mama immer Brot. «Frau Grigoleit», sagte sie, «schneiden Sie mir bloß nicht solche Fibelblätter. Schneiden Sie das Brot dick, das schmeckt wie Pfefferkuchen.» Heutzutage ist es schwierig, alles zu bekommen. Im Walde darf man nichts anrühren. Nur die Weiden, die kann man im Frühjahr ausholzen, das gibt Brennholz. Aber es braucht einen Menschen dazu. Wie Vater noch da war, haben wir als erste Draußenarbeit im Jahr immer abgeholzt. Klein gemacht die Äste und in Bündelchen verschnürt für den Winter. Den guten Baum darf man nicht nehmen. Aber wenn er dir direkt vor der Nase steht vor dem eigenen Haus, sagt keiner was. Zwischen uns und Kellotat, ungefähr auf der Grenze zwischen den Gehöften, stand so ein großer Ahorn. Den habe ich letztens mit Žilvinas und Mindaugas umgelegt. Wir zogen alle drei mit der Säge. Die gingen an einem Ende und ich am anderen. Das war eine Arbeit war das.

Manchmal sind die Kinder böse. «Kannst du nicht die Rose verkaufen? Du zwingst es doch nicht mehr.» – «Nein, ich will nicht. Sie bringt mir im Jahr 1500 Rubel.» Das Milchgeld ist wichtig, ich kann den Strom davon bezahlen und kaufe noch so manches. Man hält es besser zusammen, wenn regelmäßig Geld kommt. Die Kuh macht am meisten Arbeit, aber ohne Kuh ist es keine richtige Wirtschaft.

Mein Mann war schon nicht mehr da, wir hatten damals drei Kühe noch, und der Abend war hell. Ich hatte noch zu tun. Ach, mein Himmel, plötzlich war es halb zehn. Die Kühe standen in der Nähe, in dem Wäldchen. Ich rannte mit dem Eimer, von hinten kam eine große Gewitterwolke. Eine Kuh geriet ich noch auszumelken. Es regnete schon, also schnell nach Hause. Es hörte nicht auf. Es wurde immer später, immer dunkler. Es blitzte und donnerte, und ich sagte: «Ich muß die Kuh melken. Die kann mir auf dem

Euter krank werden, wenn du ihr nicht rechtzeitig die Milch entziehst.» Ich hatte immer Angst vor dem Gewitter. Schwere waren bei uns, manche Sommer konntest du sie kaum ertragen. Aber ich mußte raus wegen der Kuh, rüber ins Wäldchen. Der Blitz zog immer wie durch den Eimer durch. «Nein, das kann ich nicht. Ich laß mich nicht totschlagen.» Wieder zog ich ab nach Hause. Es hörte nicht auf, bloß die Kuh mußte doch zu Ende gemolken werden. Ich kam an das Tor, wo die drei standen, die zogen so die Köpfe ein. «Lieber Gott, muß ich heute abend schon sterben?» So betete ich und molk schnell. Dann kam ich nach Hause glücklich mit der verwässerten Milch. «Ich bin doch durchgekommen. Du hast mich doch nicht gewollt, mein Gott.» Mein Nachbar schimpfte später auf mich. Er war auch so spät, und er hat nicht mehr gemolken wegen der Gefahr.

Das schönste ist, wenn die Kuh zum Kalben ist und du mußt aufpassen und kannst sie nicht alleine lassen. Manchmal kann sie ohne Hilfe kalben, manchmal bleibt es irgendwo stecken. Der Kopf liegt nicht gut, er muß zwischen den Beinchen liegen. Und wann kommt es, das kannst du nicht wissen. Man merkt schon, da oben wird schon weich. Man befaßt sich, und trotzdem irrt man sich. In sechs Stunden kann das Kalb dasein, auch früher. Bei einem Pferd sogar in einer halben Stunde. Du siehst nach, kannst auch ein Pferdekenner sein, drehst dich um, und plumps. Wenn es alles gutgeht, ist es gut. Aber wenn es schiefgeht? Es passiert alles, daß die Kuh draufgeht und das Kalb. Auch wir hatten mal ein totes Kalb. Meine Rose hatte zwei Kälber, das ging schön, das ging leicht. Das waren solche rehbraunen, wie die Hasen sahen sie aus. Ich hab sie aufgetränkt und verkauft.

Es ist nicht leicht, das Bauernleben. Mußt Verständnis haben, Erfahrung haben. Mußt auch Geduld beweisen. Jetzt die letzten Jahre kam der Schwiegersohn Stasys, Inas Mann, so ungefähr an dem Termin. Von Gene, der Nachbarin, half auch der Bruder. «Vladas, wenn ich ans Fenster klopf, komm in den Stall.» Er war vorher schon informiert. Dann rennt er, wenn es soweit ist, und ich hinterher. Ich muß schon ein bißchen kalkulieren, die Schritte, wie man sagt, kürzer nehmen. Die Gene und der Vladas wohnen jenseits der Bitt. Um die Zeit, wenn die Kälber auf die Welt kommen, ist oft Überschwemmung. Da ist die Bitt breit wie der Ganges und auch so schmutzig. Und ich stehe am Ufer und schreie mir die Seele raus. «Deine Lena van der Bitt» unterschreibe ich manchmal in den Briefen, so einen Namen habe ich mir zugelegt.

Meine Rose habe ich mir verdorben. Daran bin ich selber schuld. Ich wollte, daß sie früher rindern soll, daß sie Ende März oder Anfang April unbedingt kalben muß. Das ist praktisch. Wenn es warm wird, stellst du das Kalb in den Roßgarten rein, dann hat man mit dem keine Not. Die Rose rinderte einfach nicht, wie sie sollte. Deshalb sprach ich mit dem Sanitäter, der wohnt hier in der Nähe. «Ich werde ihr Spritzen geben. Dann wirst du sehen, in ein paar Tagen wird sie rindern», versprach er mir. Und sie rinderte wirklich. Nur seitdem gibt sie kaum noch Milch. Früher war immer ein Eimer morgens und abends und mittags noch ein halber. Du konntest dich totschleppen an der guten fetten Milch. Ich bin böse auf sie. Wegen der Milch, die fehlt, und weil sie mir nicht mehr gehorcht. Sie rennt mir immer weg. Sie hat mir einmal fast den Arm ausgekugelt. Ein Ruck, ein Zuck, sie macht, was sie will.

Ich hab die Rose aufgezogen, deshalb kann ich mich nicht trennen von ihr. Ich mußte mich auch von Roses Mutter trennen. Die hieß Lira, so ein großes rehbraunes Tier. Sie molk sich gut, gab viel Milch. Auf der ganzen Weide war sie die stattlichste Kuh. Sie war ruhig, nicht so wie die Rose.

Aber sie nahm den Bullen nicht mehr an. Immer wieder rinderte sie, aber nichts geschah. Als dann die Rose schon groß war, hab ich die Lira verkauft. Die Maschine kam, sie aufladen, und ich bin aus dem Hause gelaufen. Ich wollte das nicht sehen. «Meine Lira wird heute weggebracht!» In meinem Kopf tanzte immer wieder dieser eine Satz. «Meine Lira! Meine Lira!» Wenn die Rose weggebracht wird, dann laufe ich auch davon, wenn sie mich auch geärgert hat.

Die Betty Krüger geborene Adelsohn, die sagte nach dem Krieg zu mir, wo uns die erste Kuh an Brucellose eingegangen ist: «Im Talmud steht, der Mensch soll nicht um ein Tier weinen. Der Mensch darf nur um den Menschen weinen.» Das mag richtig sein, aber die Betty hat nie eine Kuh gehabt. In anderen Völkern verehren sie die Kühe wie heilig. Das ist vielleicht auch etwas übertrieben, was die Inder sich ausgedacht haben. Wenn eine Kuh über die Straße spaziert dort, darfst du ihren Weg nicht stören. Meiner Rose würde das gefallen, natürlich. Da könnte sie Furore machen, groß und störrisch, wie sie ist!

Sollen Birutė und Irena schimpfen. Ich werde die Rose nicht abgeben. Das geht doch nicht: Du bist auf dem Lande, hast ringsherum Weide und hast keinen Tropfen Milch. Ich hab immer Milch gehabt, immer Milchsuppe gekocht und alles. Die von nebenan, deren Mann kann nicht ohne Kaffee sein. In den Kaffee gehört Milch, und sie haben keine Kuh mehr. Ich gebe ihnen manchmal von Roses Milch, wenn sie fragen. Das ist auch schön, wenn du geben kannst.

Ich bin bloß neugierig, wie lange ich noch melken kann. Besonders wenn es kalt ist, sind die Finger ganz steif. Wenn der Lit kommt, werde ich die Rose vielleicht verkaufen, nicht für Rubel, niemals. Aber wann kommt der Lit? Alles geht so langsam voran bei uns in Litauen.

Ded

Ein paar Jahre jetzt schon habe ich den Alten hier. Anfangs konnte er noch arbeiten. Aber er hat gesoffen. Dann lief er weg, soff ein paar Tage, und dann kam er wieder. Vergangenen Winter hat er auf dem Stuhl am Herd gesessen und gefeuert. Und er hat sich mit Kohlenstaub beschmiert. Im großen und ganzen liebt er das Waschen nicht. Ich muß ihn immer antreiben. Ich muß ihm den Kopf waschen, ich muß ihm den Puckel waschen. Sonst bekommen wir Ungeziefer im Haus, ich muß aufpassen.

Ihn brachte so eine, die sommers immer ins Dorf kam, Arbeit suchen. Wenn du Kleider hattest oder Schuhe oder so, hat sie dir geholfen. Eines Tages kündigte sie uns an: «Ich werde euch ins Dorf einen Mann bringen, der wird euch Holz machen.» Das war der Ded. Erst fing er bei der Wischinski an, hat ihr das Gras gemäht und reingetragen. Nachher hatte sie schon nichts mehr zu tun. «Brauchst du nicht einen?» fragte sie mich. «Na, soll er mal kommen. Da sind Bäume erfroren, die müssen ausgesägt werden.» So arbeitete er bei mir, dann hat er beim Nachbarn geholfen. Viele brauchten kurzzeitig einen für dies und das. Er gondelte immer von einem zum anderen. «Mach mir Holz, reparier mir den Stall.» Dafür kriegte er ein paar Rubel bezahlt und rannte nach Schnaps. Damals war alles noch billig.

Die ersten Jahre kam er nur im Sommer, brachte auch seine Paninka mit, so eine junge Frau, die half, und die soff auch. Sie schliefen beim Nachbarn, der hatte auf der Wiese so eine Bude aufgestellt, und zu dem gingen sie auch zum Essen. Nachher wurde er schwächer, und er hatte nichts, wo er im Winter sein konnte. Im Herbst lungerte er schon immer bei mir vor der Tür. «Laß mich mehr machen», hat er gebeten, «ich werde dir alles abnehmen.» Was sollte ich tun?

Im Winter braucht keiner einen Arbeiter. Niemand wollte ihn haben. «Na, dann kletter in die Oberstube rauf. Wenn ich dich brauche, dann hilfst du. Und wenn nichts zu tun ist, kannst du oben bleiben.»

Er hat die Rose getränkt und gefüttert, ab und zu den Stall gesäubert und Holz kleingemacht. Zwei Winter schlief er da in der Oberstube. Im dritten wurde es sehr kalt. Die Nachbarn sagten schon: «Der wird erfrieren da oben.» Ich wollte nicht, daß nachher ein Gerede ist, «der mußte erfrieren». «Weißt was», sagte ich ihm, «komm mit deinem Sack und Pack auf das Sofa in der Küche. Dann wird dir warm sein, und ich bin eine Sorge los. Bleib, bleib schon. Aber du mußt gehorchen.» Solange er noch kein Geld hatte, denn ging es. Später schickten sie ihm mit der Post eine kleine Rente. Mein Schwiegersohn hatte das beim Amt für ihn ausgehandelt. Seitdem hatte er vom Staat ein bißchen was zu bekommen, alt genug war er ja dazu.

Jeden Monat, wenn der Tag naht, dann sind die Saufbrüder wie die Raben hinter ihm her. Sie stehen hier am Zaun, einer läuft dem Boten schon entgegen. «Das Geld ist da!» Ist es da, gibt es kein Halten mehr. Wohin sie immer gehen, weiß ich nicht. Einmal hab ich sie gesehen im Dorf, im Schulhaus, dort in dem Saal, wo unsere Klasse war, wo ich lernte als Kind. Alles war vollgekrakelt, voller Dreck, sie waren besinnungslos. Ach du Vater im Himmel, wie sie aussahen nach dem vielen Saufen! Ein Haufen Elend, schrecklich. Ich guckte, ob sie noch am Leben sind.

Ded kam wieder, sobald er wieder nüchtern war und das Geld weg. Jetzt nehme ich immer das halbe Geld, was er kriegt, ihm ab. Ich habe ihm eine Predigt gehalten: «Du bekommst Logis, Essen und Trinken. Ich wasche dich und versorge dich. Ich reibe deine Beine mit Kampfer ein. Keiner von deinen Freunden kommt nach dir sehen, wenn du kein Geld hast. Du mußt bezahlen bei mir, und fertig. Wenn du nicht teilst, nimm dein ganzes Geld und geh zu deinen Kumpanen, aber komm mir nicht mehr her.» Nichts figuriert ihm, bloß Schnaps und Rauchen. Daß er hier sein Lager hat und alles, das zählt nicht in seiner Welt. Die Rente ist nicht hoch, aber ich hab auch nicht viel.

Er war verheiratet. Seine Frau wohnt in Pogegen, auch Kinder sind da, nicht weit von hier. Sie haben ihn verstoßen, weil er dem Alkohol verfallen ist. Als er jung war, hat er im Hafen von Klaipėda Säcke geschleppt, aus den Schiffen raus, dort wo Birutė heute arbeitet als Tallymann. Dort war gut leben, sagte er mal, da fiel etwas ab für ihn, sogar ausländischer Schnaps. Zuletzt war er in Pogegen beschäftigt als Heizer. Er hat die Zentralheizung in einer Schule besorgt. Eines Nachts soff er und paßte nicht auf. Alles verbrannte, das Gebäude, seine Kleider, auch sein Paß. Da war er raus aus allem, seitdem lebte er mit seinen Saufbrüdern. Seitdem war er ein Vagabund, ein «Žulikas», wie man auf litauisch sagt.

Schon einige Male hab ich ihn ins Krankenhaus gesteckt. Ich kann, wenn Besuch kommt, ihn auf dem Sofa da nicht gebrauchen. Die Gäste stören sich an ihm. Unsere Direktorsfrau, die vom Vorsitzenden des Sowchos, meinte: «Nimm ein Päckchen Kaffee und besuche den Arzt in Pogegen. Vielleicht wird man den alten Mann nehmen.» Das machte ich, die Frau Direktor hatte ich auch schon mit dem Kaffee erobert. Zu der Zeit kamen schon aus Deutschland die Pakete für mich. Also drei Monate behielten sie ihn im Krankenhaus, zahlen mußte man noch nicht damals. Und was haben sie mit ihm gemacht? Gar nichts haben sie gemacht. Drei Monate sind lang. Die Hacken waren offen, vorher waren sie offen, nachher waren sie offen. Das Auto kam, sie stellten ihn da hin und hauten ab. Nicht einmal laufen konnte er mehr richtig.

Ich wasche jeden Morgen die Hacken mit Permanganat, Wegerichblätter darauf, umwickelt. Die Krücken hab ich ihm auch besorgt, daß er sich ein bißchen bewegen kann. «Ist er schon wieder da?» Meine Nachbarn empörten sich. «Menschenskind du, nimm den Besen und tu noch gut Dreck darauf schmieren, und dann treib ihn aus dem Haus, den Stribas.»

Ded war ein Stribas, erst wußten wir das nicht. Einer hat ihn dann erkannt. Er war hinter Schmalleningken, zwischen Jurbarkas und Schmalleningken war er. Ich hab ihn gefragt. Er hat nicht geleugnet, groß getan sogar hat er sich. Im Suff erzählte er immer: «Ich hatte Gewehre da und hab alles gemacht, peng, peng und peng.» Die Nachbarn waren böse. «Was hältst du den Stribas? Den Kommunisten hier, der hat dich nach Sibirien gebracht.» Ich sagte: «Persönlich nicht, er hat andere gebracht.» Die hatten gut reden, sie hatten das Gewissen dazu. Ich kriegte das nicht fertig. Wegjagen, als Christenmensch?

In Sibirien hatte ich einmal so ein Erlebnis. Ich hatte meinem Mann Essen ins Krankenhaus gebracht, und ich war hundemüde. Ich wankte durch die Stadt Nasarow, wo ich ging, weiß ich nicht mehr, es wurde dunkel. Eine Russin lud mich ein in ihr Haus und legte eine Decke über mich. Ich schlief die ganze Nacht wie ein Stein. Da legte ich ein Versprechen ab, niemanden abzuweisen im Leben, der Hilfe braucht.

Ded hat ja geholfen ein bißchen. Die Rose getränkt und Holz kleingemacht. Er schlägt mir das Salz mit dem Beil klein oder reibt die Kartoffeln für den Kujellis. Wenn er ein Bier hat und zu rauchen und auf dem Holzblock sitzen kann in der Sonne, ist für ihn der Himmel auf Erden. Wenn er aber längere Zeit nichts zu trinken bekommt, wird er verrückt. Und dann nichts zu rauchen auch noch, dann kennt er sich selbst nicht mehr. In die Stube darf er mir nicht. Abends im russischen Fernsehen bringen sie die «Mariane», da sitzt er auf einem Schemelchen auf der Schwelle. Er versteht auch wenig Russisch, wie alle. Aber das ganze Dorf guckt. Jeder springt vom Traktor, jeder rennt aus dem Stall ins nächste Haus zur «Mariane». Alles dreht sich um die Liebe, die Bilder sind schön. Wie die Mariane, das arme Mädchen, traktiert wird von dem reichen, verheirateten Mann. Wie sie da leben in dem Brasilien, das interessiert den Ded auch. Jetzt habe ich dem Amt angegeben, sie möchten ihn ins Armenhaus tun. Aber da ist kein Platz. Man muß warten, bis welche aussterben. Andere warten auch schon darauf. Der Vorsteher von Willkischken, mit dem ich mich schon bekannt gemacht hatte, schon ein paarmal Kaffee hingetragen, tröstete mich: «Warte noch ein bißchen, ich bringe den Alten gut unter.» Viele Pfund Kaffee hat mich das gekostet, und dann starb der Mann. Er nahm und starb! Nun ist ein anderer Vorsteher dran, jetzt mußt du dem wieder gut Freund werden.

Die Kinder drängen, daß der Alte weg muß. Ich muß mich nach ihnen richten, bald kann ich nicht mehr ohne Hilfe sein. Sollen sie den fremden Mann auch noch versorgen? Er ist neun Jahre jünger als ich und sagt immer «Baba», das heißt «Oma», zu mir. Ich sage «Ded», das ist im Litauischen soviel wie «Onkel». Irgendeiner hat mal aufgebracht, ihn «Ded Maros» zu nennen. «Väterchen Frost», das ist der russische Weihnachtsmann. Warum sie das erfunden haben, ist mir nicht klar. Ein Weihnachtsmann ist doch einer, der gibt. In seinem Paß steht, er heißt Stasys Tamkus.

«Er muß weg!» Ich sehe das ein. Aber im Winter, wenn du einschneist und wenn es hundekalt ist und du selbst frierst, ist da noch immer ein Mensch, der den Ofen heizt. Wenn ich ihm auch die Kohle ranbringe und das Holz. Aber wenn du nicht ständig an dem Ofen rührst und bist, brennt das aus.

Da verfrierst du, und es ist aus. Mir kann schlecht werden in der Nacht, ich falle, und keiner hört mich schreien. Die gegenüber das Vieh füttern im Stall, die gehen ihrer Wege. Ob du dich rührst oder nicht, ist denen egal. Ded könnte wenigstens Hilfe holen. Er ist ein schlechter Mensch. Aber wenn noch ein Mensch da ist, muß man immer kochen und sorgen und läßt sich nicht gehen. Eine Person allein ist kein Haushalt. Der Alte liebt Suppe am Mittag, weil er fast keine Zähne mehr hat. Er hat sich schon eingewurzelt hier, so ist das.

Ded hört mir nicht zu, wenn ich erzähle. Ich mußte immer erzählen, schon als Kind. Mutter war genauso. Wenn ich den kleinsten Ausflug machte, nur an die Memel oder nach Lompönen, erzählt werden mußte. Was ich sah, wen ich traf, alles war wichtig. Einen Film mußte ich erzählen von vorne bis hinten. Meine Kinder erzählen nicht. Sie kommen am Samstag zu mir, und ich frage. Nichts! Sie erzählen nichts! Dann könnte ich mich blau ärgern. Da muß doch was hängenbleiben von einer Woche. Die Enkel ebenso, sie können zehn Filme sehen und haben die Sprache verloren. Es ist wahr, sie sind müde, sie sind abgekämpft. Man muß immer noch vorsichtig sein mit dem Erzählen. Aber jetzt ist schon freier. Im Dorf die Spione, bei wem sollen sie uns anschwärzen heute? Ded, wenn Ded nicht mehr da ist, wird keiner hören mein Erzählen. «Sei still, Oma», sagt er. Er will nicht zuhören, aber er ist doch da.

Wenn er mir nicht so viel gestohlen hätte! Einmal habe ich mein Portemonnaie vergessen in der Jacke mit 21 Rubel drin. Damals waren 21 Rubel noch viel Geld, jetzt ist es nichts. Ich wollte Fisch kaufen, und das Geld war weg. «Ich hab es nicht genommen», hat er geschworen. Er geht zwar auf Krücken, aber wenn er mich beklauen kann, dann rennt er. Ob da Geld ist oder Apfelwein, nichts ist sicher vor ihm. Beim Apfelwein, wie die ganze Familie wartete am Tisch, an diesem Sonntag konnte ich noch sagen: «Es tut mir leid, das Faß ist ausgelaufen.» Das Schlimmste war, wie er Žilvinas' Flasche nahm. Bei uns ist Sitte, wenn ein Junge getauft wird, dann wird die letzte Flasche nicht getrunken. Alle Gäste auf dem Fest schreiben ihren Namen auf die vordere Seite. Und wenn der Täufling zum Militär muß, ist das sein Abschiedstrunk. Nun war es soweit. Lilwinas sollte einrücken. Wo war die Flasche? Ded war durch das Fenster gekrochen vom Garten aus und hatte sie in meinem Wäscheschrank gefunden. Jetzt mußte ich das den Verwandten mitteilen! Diese Flasche war heilig. Mein Gott, dachte ich, sie werden den alten Mann schlagen.

Jetzt schließe ich die Stube ab und nehme den Schlüssel mit, auch wenn ich nur in den Stall muß. Alles wegen dem Schnaps von einem Wildfremden. Unlängst war er wieder zehn Tage verschwunden. Plötzlich sah ich ihn mit seinen Krücken hinten an der Scheune stehen. Er guckte und guckte nach hier. Fragte die Nachbarn: «Ist sie noch böse? Ist sie noch böse?» – «Ja, sie ist noch böse.» Sie haben sich einen Spaß gemacht, ihn zu ängstigen.

Heimat ist Heimat

Manchmal ist es schrecklich kalt bei uns. Ein paar Winter letzthin waren so kalt wie in meiner Kindheit, daß wir vermummt hinausgingen. Und dieses Jahr war nichts von alledem. Im Herbst sehr früh kam Schnee, kam Frost. Alles war weiß, alles war gepudert. Das war wie ein Zauberland. Die Sonne glitzte. Ich sagte zur Nachbarin: «Umkommen könntest, so schön ist es.» Und nachher war es grau, grau, grau.

Das war kein Winter, und eine Winterruhe war es nicht. Draußen war es warm. Im Februar habe ich Winterzwiebeln umgepflanzt und Dill gesät. Ich konnte Bäumchen düngen, umgraben und das, was noch übriggeblieben ist vom Herbst, entfernen. Im Februar, so darf es doch nicht sein. Du gehst ins Haus und bist müde. Doch in der Stube ist auch vieles zu machen. Dies und das und Knopf annähen und waschen und räumen. Im Winter soll der Mensch nicht rausgehen. Drinnen ist warm, drinnen ist zu tun. Du bist so gemütlich ruhig, hast die Ruhe weg. Ich weiß nicht, hat sich die Erde umgedreht? Das war so ein kalifornischer Winter. Meine Freundin aus Kalifornien schreibt immer, sie haben im Winter so ein Regenwetter. Und nun war das bei uns genauso. Die Cousine in Deutschland beklagte sich auch: «Der Winter war schön, aber er war nicht das richtige.» Man ist gewöhnt, Winter muß Winter sein. Er muß etwas bringen. Jetzt war er zu schön.

In diesem Frühjahr war ich besonders müde. Mein Magen machte mir Sorge, und die Wunde in der Speiseröhre heilte und heilte nicht. Dann lag ich flach mit einer Nierenerkältung. Birutė hat mich nach Klaipėda ins Krankenhaus verfrachtet für eine gründliche Untersuchung von Kopf bis Fuß. Sie hat mit mir alle Kabinette durchwandert. Sogar zum Frauenarzt mußte ich hin. Ich fürchte mich vor gar nichts, wenn es mir nur gelingt, meine Gesundheit wiederzuerlangen. Die liebe Erna aus Bad Kreuznach hat mir Lokkenwickler geschickt. Die Wickler sind wunderschön, nur die Haare anfeuchten, und sie halten fest. Dann ist der Kopf «Lux». Nur die Arme hochheben fällt mir schwer.

In der «Wochenpost» gab es immer eine Seite mit Gesundheitsrezepten. Einmal war eine Dreiwochenkur angepriesen: Abends ein Stückchen Knoblauch einweichen und aufgießen, die Knoblauchmilch erwärmen und vor jedem Essen ein Schlückchen trinken. Das soll gut sein gegen Sklerose. Das mache ich jedes Frühjahr. Außerdem soll man Brennesselwasser trinken. Man muß nur fest entschlossen sein und anfangen und sich daran halten.

Heute ist die «Wochenpost» nicht mehr so interessant. Sie war gut, wie die DDR noch war. Vieles, was sie sagten, war so ähnlich wie bei uns, nur eben in Deutsch. War viel über Blumen, waren Leseranfragen, Rätsel, humoristische Zeichnungen eine ganze Seite voll. Oder wie der Kaiser von China seinen Tee gebrüht hat, viel überhaupt von anderen Ländern. In England, so schrieben sie, ist viel Nebel. Da fahren die Busse langsam, und die Männer sitzen darin und stricken. Sie müssen die Zeit nützen. So manchen guten Rat habe ich aus der «Wochenpost» herausgefunden. Man muß die Zunge bürsten jeden Morgen, haben sie empfohlen, damit das Kleinhirn richtig arbeitet. Sonst fällt man als alter Mensch über jeden Strohhalm. Politik war auch, von Honekker und seinem Politbüro, von Vietnam, von den Negern in Afrika, die Zeitung war sehr groß und wichtig. Eines Tages haben sie ein Gedicht gebracht, das mich fast umgeworfen hat. Von einem Becher war es, Johannes mit Vornamen. Es gefiel mir so sehr, daß ich es auswendig gelernt habe:

> «Heimat, meine Trauer,
> Land im Dämmerschein,
> Himmel, Du mein blauer,
> Du mein Fröhlichsein.»

Aus der DDR schrieben auch die Bittehner zuerst. Die Chruschtschow-Zeit war noch im Gange, da kamen schon Briefe von dort. Die wo 1958 ausgesiedelt sind von der Memel, die wußten, daß wir noch da sind, und wollten mir erzählen, was sie erlebten in dem anderen Lande. Nachher haben sie andere Bittehner kennengelernt und meine Adresse denen verraten, auch nach Westdeutschland und nach der Schweiz. Sie brauchten doch auch meine Hilfe, wenn sie den Lastenausgleich haben wollten. Da mußte ich ihnen bezeugen auf dem Papier, daß da ein Grundstück war und wie groß und so weiter. Das wurde immer mehr und mehr, und als mein Konstantin schon tot war, kamen auch Pakete durch. Meistens schicken sie Kaffee und Tee, den Schnaps mit der Klosterfrau, Atrix für die Hände, Backpulver, Rosinen, Bittermandelaroma und Blaumohn. Den Blaumohn, den hab ich immer angefordert, Mohnstriezel sind meine Schwäche. Der ist zwar verboten, den nehmen sie beim Zoll heraus, aber ab und zu, wenn er gut versteckt ist, übersehen sie ihn. Solche Dinge sind eine große Hilfe und Freude. Von den vielen, vielen Strumpfhosen kann ich verschenken und mir Freunde gewinnen im Dorf.

Gestern kam ein Riesenpaket von Kanada. Ich stürmte vom Runkelfeld, als ich den Boten sah. Ich fiel vor Erstaunen fast aus meinen Klumpen! Einen Blumenwasserzerstäuber fand ich, den hatte ich mir schon lange gewünscht, und ein Milchkännchen. Miniheringe wie für den herrschaftlichen Tisch, Keks im Goldrande und Mousoncreme. Bin ich nicht ein glücklicher Mensch? Ohne einen Finger zu rühren, liegen solche Herrlichkeiten vor mir. Vor dem Schlafengehen saß ich mit der Kiste auf dem Bettrand und holte mir dies und das heraus. Alles besehen, alles befühlen, mitunter etwas in den Mund stecken, das ist schwer zu beschreiben. Das ist erhebend, glücklich, wie ein Fest.

Wenn wir den Westen nicht im Rücken hätten, ginge es uns nicht besonders. Meistens kenne ich die, wo schicken, jetzt schon persönlich.

Der Walter Hausmann war der erste. Oder nein, zuerst kamen die Mädchen von Klein-Wanzleben. Die schickten ein Telegramm ganz plötzlich, 1984. «Wir sind in Leningrad. Kommen nach Vilnius, zwei Stunden Aufenthalt auf Bahnhof. Bitte, Lena, komm dann und dann.» Ich fuhr mit Mindaugas. Wir haben uns nicht erkannt. Wir sind aneinander vorbeigelaufen. Erst wie ich die deutschen Stimmen hörte, fragte ich: «Seid ihr Hilda und Traute?» Sie waren es, und sie mußten gleich weiter. Wenigstens haben wir ihnen Bonbons auf den Weg mitgegeben.

Der nächste war ein Mann, der von Kaunas anreiste, gleich nachdem der Eiserne Vorhang gefallen war. Tuch um den Kopf, heimlich in einem blauen Taxi bis Bittehnen. Er kurvte einmal durch die Wege, guckte, und er stieg nicht aus. Wie sollte ich ihn erkennen? Damals war noch der militärische Sperrbezirk hier. Niemand durfte sich blicken lassen.

Als dann der Hausmann schrieb, durfte man schon bis Klaipėda fahren, in das Interhotel. Von da durfte man sich eigentlich nicht entfernen. Wer in die Dörfer wollte, mußte solche Schlepper bezahlen. Die brachten die Menschen dorthin. Anfangs war es so, daß sie bloß auf den Hof gesprungen kamen. «Guten Tag, wir müssen schnell zurück. Wir sind weggelaufen vom Hotel.»

Mit dem Hausmann war das so eine Sache. Er wollte so gerne kommen. Ob ich ihm nicht helfen kann, seine Heimat zu sehen, schrieb er. Von der Else Jankus, die in Toronto lebte, hatte ich schon gehört: «Weißt Du, wer sich gemeldet hat bei mir? Der Walter Hausmann! Laß den bloß in die Heimat nicht rein, der reißt wieder alle Bäumchen aus.» Wir hatten unsere Bedenken. Der Hausmann war ein deutscher Nationalist gewesen. Er war noch klein damals, als er auf dem Rombinus die jungen Bäume niederriß, die die Litauer gepflanzt hatten an Mittsommer. Jetzt war er alt, und ich besann mich. Soll er doch kommen, er kommt doch sowieso, auch ohne meinen Segen.

Jetzt ist es schon leicht mit dem Besuchen. Ich schreibe eine Einladung, und nach einer Weile, vor allem im Sommer, reisen sie zu mir. Sie können übernachten und alles besehen ohne Strafe. Der Willi hat geweint, wie er ausstieg. Die Gisela hat geweint. Alle weinen beim ersten Mal und ich immer mit. Es liegen doch schon mehr als vierzig Jahre dazwischen. Wie der eine kam, den kannte ich früher gar nicht, der Hermann Szameitat, der war mit seiner Frau, gingen wir alle zu seinem väterlichen Grundstück und haben zu dritt den Ahornbaum umarmt. Bei der Flucht war der erst anderthalb gewesen, er erinnerte sich an nichts mehr.

Von den Besuchern kenne ich von früher fast keinen. Denn sie sind viel jünger als ich. Vom alten Simon der Enkel war da, von Wollbergs die zweitletzte Tochter, Gisela und Günter Urbantat, Arthur, das Söhnchen vom Zollbeamten, mit seiner Frau im Wohnwagen, im August jetzt der Willy und der Karl Pillkuhn. Der Karl meldete sich bei mir gleich für vier Wochen an. Ich schrieb der Liesi in die Pfalz: «Du, ich hetze Dir den Karl Pillkuhn auf den Hals, der wird Dich mitbringen. Denn alleine wirst Du doch nicht fahren.» Die Liesi schrieb zurück: «Laß mich bloß um Gottes willen mit dem in Frieden.» Sie erinnerte sich auch, da waren die Pillkuhns, die Hausmanns und die Meiers, die lebten früher am Walde. Und wir hatten keinen Kontakt mit ihnen, wir waren eine andere Gruppe, und die waren ihre. «Der Willy», meinte die Liesi, «kommt mehr in Frage.» Zwischen ihnen war mehr Seelengemeinschaft. Der kam als kleiner Junge immer bei Kellotats in die Versammlung mit seiner Mutter. Aber der Willy ist selber kränklich, der muß selbst ins Schlepptau genommen werden. So schleppte der Karl dann den Willy mit, und die Liesi blieb zu Hause.

Alle habe ich herumgeführt im Dorf. Auch wenn nur noch das Fundament da ist oder ein kleines Ställchen, zeige ich es ihnen. Einer sagte mal zu mir: «Du bist die Brücke zur Heimat. Du hast uns die ganzen Jahre die Heimat bewahrt.» Das stimmt, das ist wahr. Ohne mich würden die Bittehner hier herumirren. Die meisten von denen, die herkommen, sind so jung, daß sie von früher das Dorf kaum kennen. Aber trotzdem bewegt es sie innerlich doch. Ich muß sie an der Hand nehmen, sonst geraten sie ganz durcheinander.

Der Pillkuhn kaufte sich eine Kiste Bier und setzte sich damit hinter den Ofen. Wer kam, den hat er immer bewirtet, zugeprostet «Prost! Į sveikatą!» und erzählte jedem von seiner Herta, von seiner Liebe, die da wohnte in dem anderen Dorf. Das zweite Mal, wie er mich besuchte, hatte er solche kurzen Seppelhosen an. Er wollte gehen den Weg, den er mit der Herta gegangen ist. «Sieh nur, ich hab mir alles verbrannt», sagte er nachher. Durch Brennessel und Gestrüpp war er gestrolcht mit blanken Beinen.

«Wenn ich zurückkomme nach Bittehnen», stöhnte der Willy, «dann bin ich wie auf einer anderen Welt.» Und danach folgte immer: «Aber zu Hause im Westen stehe ich mich besser.» Er ist auch ein bißchen großspurig, genau wie der Karl. Früher sagten wir in solchen Fällen immer: «Wenn aus einem Pareezke ein Schlorr wird.» Schlorren sind solche Klumpen aus Holz, das war eine Errungenschaft, etwas Feines, darauf war man stolz. Pareezke nannten unsere preußischen Litauer eine Fußbekleidung, die sie selber nähten, von innen Fell, von außen Leder. Den Eindruck habe ich von den beiden, das sind Armeleutekinder, die sich aufgerappelt haben. Das behalte ich für mich, ich sage auch nichts zu den Kindern davon.

Auch vom Fritz der Sohn ist zweimal gekommen. Das war schön. Der Hof steht noch gut da, bis auf den Stall. Die, wo heute da wohnen, haben den Reinhard und mich zum Essen eingeladen. Ich mußte lachen und er auch. Das hab ich ihm erzählt, daß ich da früher nicht durfte über die Schwelle treten. Lange, lange bin ich mit dem Reinhard durch das Dorf gegangen. Überall blieben wir stehen, hier und da und dorten. Was meine Nachbarn wohl sich gedacht haben mögen über mich und den jungen Mann?

Materiell, würde ich sagen, haben die anderen den besten Teil erobert. Aber ich möchte nicht tauschen. Wenn jetzt einer käme und mir anbieten würde: «Nimm meine Wirtschaft drüben, und du gibst mir deine.» Ich würde antworten: «Nein. Wie es ist, ist es. Das ist meins, und das war meins. Das gehört zu mir. Und dort bei euch bin ich alleine und in der Fremde.» Heimat ist Heimat, da kannst du nichts Besseres finden. Ich wollte immer in meinem ganzen Leben alles schön haben. Arbeiten wollte ich, etwas erreichen durch Arbeit. Vor allen Dingen wollte ich immer ein schönes Bett und schöne Nachtwäsche haben. Nachher warst du froh, daß du irgendein Hemd anhattest. Streiftest manchmal als Nachtjacke einen alten Pullover über, krochst unter die Dekke, ohne an Schönheit zu denken.

Auf meine Verwandten bin ich nicht gut zu sprechen. Deshalb, weil sie keine Sehnsucht nach ihrem Geburtshaus haben. Fremde schreiben sich die Finger wund, daß sie versuchen wollen zu kommen, sie nicht. Darum bin ich böse. Meine Cousins, die fahren nach Mallorca. Die machen Familientreffen da, trommeln die ganze Familie zusammen, nehmen ein Hotel und leben ein paar Tage in Saus und Braus. Was sie da machen, weiß ich nicht. Silberhochzeit und alles, «Heimattreffen» sagen sie darauf. Als der eine Sohn von der Grete geheiratet hat, ist die ganze Gesellschaft auf der Elbe gefahren in Hamburg. «Das war großartig», schrieb sie. Ich habe ihr und dem Werner, der schon tot ist, 1944 das Hochzeitsbett gemacht. Wo bleibt sie nur? Alle sind streng hochdeutsch. Das nehme ich ihnen übel. Die sind doch hier geboren.

Alle wollen, ich soll die Gräber versorgen auf dem Rombinus. Verwandte, Bekannte, alle geben mir den Auftrag dazu. «Lena, tu uns die Liebe. Wer sollte es sonst tun?» Sie schicken Tulpenzwiebeln und Samen für Glücksklee und alles mögliche dazu, wie Bürsten und etwas, gegen das Moos zu kämpfen. Ich fordere immer Ata an, mit Ata reinigen sich die Steine am besten. Bloß der Friedhof ist weit. Wasser zum Gießen ist unten am Strom nur, der Friedhof liegt oben. Jetzt zwing ich es nicht mehr. Man muß mit den Kräften haushalten, darf nicht spielen mit ihnen. Meistens ist die Arbeit sowieso umsonst. Wer genau das macht, kann ich nicht sagen, junge Leute wahrscheinlich. Die klauen die Tulpen, sie buddeln überall nach Schmuck und Goldzähnen. Manches Mal werfen sie die Grabsteine um. Sogar die Vasen nehmen sie weg, obwohl sie keine richtigen Vasen sind, sondern aus Granatenhüllen gemacht. Dagegen kannst du nicht an, ganz alleine.

Neulich hat die Gene, meine Nachbarin, in Bittehnen ein Haus gekauft. Ich habe zu ihr gesagt, sie muß die Verantwortung für die drei Gräber übernehmen, die zu dem Haus gehören. Das Haus war doch gebaut, sie wohnen es ab. Sie muß den Erbauern dankbar sein. «So wie Stiefeltern sollst du sie halten», habe ich ihr erklärt. Man müßte noch mehr Menschen werben, die nach den Gräbern sehen. Die Gene soll ein Beispiel geben. Gepflanzt hat sie die Stiefmütterchen, aber gießen tut sie nicht. Von dem Brunnen, der da war, ist die Pumpe gestohlen, und der Weg zur Memel herunter ist ihr auch zu weit.

Wenn nur die Liesi einmal erscheinen würde bei mir. Viele Bittehner sind gestorben an Krebs. Die haben alle so furchtbar gelitten. Auch der Fritz, mein Fritz. Er wollte im Sommer dasein, hatte er versprochen. Dann schlug alles um, der Krebs hatte sich bei ihm eingenistet. Die stärksten Spritzen konnten nicht mehr helfen.

Wiedersehen mit Liesi

Als die Urbantats abfuhren von Bittehnen, sagten sie: «Im nächsten Jahr kommt ihr zu uns!» Ich dachte: Was reden die für einen Blödsinn. Wie können wir fahren? Ich kann doch nicht weg von zu Hause. Wer wird die Rose melken und die ganze Arbeit machen? Natürlich sagte ich: «Danke schön, danke schön. Wir werden leben, werden sehen.»

Es dauerte nicht lange, und der Günter Urbantat schickte die Anforderung für die ganze Familie, alles fix und fertig mit Namen und Geburtsdatum. Wir sollten bloß Paßbilder machen und nach Moskau fahren in die deutsche Botschaft. «Unsinn! Unsinn ist das!» Mir war ganz elend. «Das kann man doch nicht schaffen.» Aber Birutė setzte sich ins Flugzeug. Zweimal flog sie von Vilnius nach Moskau dafür und erledigte das Visum. Zweihundert Rubel für jeden verlangten sie, also 600 Rubel im ganzen: für Birutė, ihren Mann Alfredo und mich. Die Papiere waren gemacht, und ich pendelte immer noch so. «Nein, ich werde nicht fahren. Fahrt ihr allein.» Nachher entschied die Irena: «Mama, überlege doch, was sollen die beiden alleine machen? Die sind doch völlig unbekannt in Deutschland. Wenn du dorthin kommst, werden deine Freunde auf dich warten. Du mußt fahren, basta. Wir werden hier den Hof für dich versorgen.»

Irena hatte mich kleingekriegt. «Meinetwegen, wenn ihr so wollt.» Aber ich fuhr ungern. Vorher habe ich meine Sterke verkauft für 750 Rubel. Das sollte mein Reisegeld sein. Die Urbantats hatten geschrieben: «Ihr braucht bloß zu kommen. Die Hinreise bezahlt ihr, alles andere ist unsere Sache.» Das war mir unangenehm. So etwas geht doch nicht, mein Gott. Tauchst dort auf wie ein Bettler und läßt dir alles bezahlen!

Das Schiff hat Birutė besorgt. Das war nicht so schwer,

weil sie doch am Hafen arbeitet als Tallymann. Ich hatte nicht wenig Angst vor der Seereise. Wenn Sturm kommt, ist so ein Meer eine große Gefahr. Aber wenn du gar nichts riskierst, dann kommst du zu nichts, sagte ich mir. «Borodin» hieß der Dampfer. Wie wir aus dem Hafen von Klaipėda rauskamen, begann es schon mit den Wellen. Es schaukelte und ruckste, buff und buff klatschten sie immer vor den Kiel. Mir wurde schlecht. Ich guckte zu Birutė herüber, die war auch ganz weiß. «Hast uns was Schönes eingebrockt.» In der Nacht rollten die Wellen von der Seite an. Das war immer so, wie wenn einer am Laken zieht, hin und zurück, hin und zurück. Die Fenster von der Kabine waren unter Wasser. Wir waren wie in einem Unterseeboot. Manche müssen sogar Blut erbrechen in solchen Situationen. Die Ärztin vom Schiff sagte, man muß immer essen, essen, damit man nicht bis zum Bluterbrechen kommt.

In Bremerhaven warteten schon die Urbantats. Es war dunkel, sie packten uns ins Auto. Von zehn Uhr bis nachts um drei sind wir gefahren, immer feste, immer schneller in Richtung Süden. «160, Donnerwetter», rief der Alfredo. «170! 180!» Er saß neben mir und guckte immer auf die Instrumente. Mir war das egal, von mir aus konnten sie 500 fahren. Mir war, wie wenn wir durch die Luft flögen. Dort in Bad Kreuznach war alles schön. Das Haus ist so großartig wie eine Villa. Zwei Etagen, überall Waschtoiletten, überall Brausewannen und was da alles war. Die Erna Urbantat wies mir ein Schlafzimmer an, nur für mich. «Über den Flur ist das Bad. Und morgen ist der Frühstückstisch gedeckt, wann du willst.»

Inzwischen hatte sich rumgesprochen, daß ich in Deutschland bin. Dabei hatte ich keinem geschrieben, nicht mal meinen Cousins. Niemand sollte sich aufregen, niemand sollte sich Gedanken machen und ich auch nicht.

Die Menschen, die ich kenne, leben weit auseinander. Wo ist Hamburg, wo ist Schwalmstadt, wo ist Dinslaken? Dieser Hermann Gerolis lebt in Braunschweig zum Beispiel. Da mußt du rennen, wie sollte das gehen? Und plötzlich, wir waren kaum da, ging das Telefon. «Ist die Lena schon da? Ist die Lena schon da?» Den ganzen Morgen schellte es. Woher wußten die das bloß? Meine Freundin, die Liesi, hatte sich die Finger abtelefoniert beim Drehen. «Wann und wo landet Lena?» Der Hermann Gerolis hatte es ihr endlich sagen können, der hatte alle Bittehner aufgetuschelt. Er rief zuerst an, Urbantat war am Apparat. «Zur Begrüßung für Lena schicke ich 100 Mark.» Urbantat sollte das vorstrecken, der ist Sparkassendirektor. Die Liesi schickte 300 Mark. Das Telefon stand nicht still, und alle schickten Geld.

Dann wollte uns der Günter Urbantat seinen Arbeitsplatz zeigen. «Meine Sparkasse ist neu, kommt mit, sie besehen.» Dort neben der Sparkasse war der Sowjet. Im Nebenzimmer saßen zwei Herren drin. Wir wurden vorgestellt: «Das sind Gäste aus Litauen.» Zur Begrüßung gaben sie uns jedem 140 Mark von der Stadt. Wieder Geld! In Urbantats Büro stand ein Direktorsessel und ein Tresor. Er stellte uns vor den Tresor, drückte auf den Knopf, und 100 Mark kamen heraus. Er drückte wieder auf den Knopf, wieder 100 Mark. Er drückte und drückte, und Birutė sammelte das Geld ein. Von uns aus hatten wir noch 180 Mark, die hatten wir eingewechselt für die Rubel, die meine Kuh einbrachte. Wir hatten jetzt Geld wie Heu.

Birutė und Alfredo reisten mit dem Geld an den Rhein zu Max und Aldonna und ließen für mich 100 Mark zurück. Ich wußte nicht, was ich damit kaufen sollte. Für Ina einen großen Büstenhalter, den hatte ich versprochen. Ach du lieber Vater im Himmel! Der kostete 42 Mark! Da ging mir ein Licht auf. Daß du mit 100 Mark keine großen Sprünge machen kannst. Es reichte noch für einen Büstenhalter für mich, dann noch ein kleines Deckchen zum Aussticken. Danach hatte ich noch zwanzig Mark in der Hand. Birutė kaufte am Rhein ein. Sie kaufte sich eine elektrische Nähmaschine, für Ina eine Jacke, für mich eine Strumpfhose für den Alltag. Am Ende wollten wir noch einen Televisor kaufen. Doch die Koffer waren voll. Die Nachbarn hatten noch was dabeigelegt an Kleidern, alles was sie hatten. Der eine gab dies als Geschenk, der andere das. Eines Tages sagte ich zur Erna: «Kinder, ich brauch nichts. Ich gehe bloß so spazieren und gucke mir alles an.»

Am Montag wollten die Liesi und ich uns treffen in Frankfurt. Wir telefonierten noch. «Liesi, ich muß weinen. Warum plünderst du dich so aus? 300 Mark, Menschenskind, bist du verrückt geworden? Jetzt weiß ich, was das alles kostet hier.» Die Liesi ist Witwe seit dem Kriege schon, hat eine Tochter großgezogen. Sie ist die ärmste von allen Bittehnern, wo in Deutschland leben. «Red nicht», sagte sie, «wir treffen uns morgen.»

Um elf Uhr war die Zeit verabredet. Wir waren zu früh, wir saßen im Café und warteten auf den Günter Urbantat. Der hatte dienstlich in Frankfurt zu tun, und er kam und kam nicht. Es war halb elf. Die Erna, seine Frau, kochte schon. Im letzten Moment tauchte er auf. Rein ins Auto, das war auch nicht so einfach. Das Auto war oben in den Wolken geparkt. Endlich waren wir herunterklabastert, und dann steckten wir unten auf der Erde fest. Es gab zu viele Autos auf der Straße. Am Bahnhof sprang die Erna aus dem Wagen und stürzte sich unter die Menschen. Sie fing auch die Liesi, sie stand schon da. Wie die Erna zurückkam, hatte sie sie am Wickel. Das war eine Aufregung. Die Liesi zitterte und brachte kein Wort heraus.

Und dann haben wir fünfeinhalb Stunden in dem Bahnhofshotel gesessen. Die anderen schwärmten aus in die Stadt. Fünfeinhalb Stunden haben wir ununterbrochen miteinander gesprochen, wir beiden ganz alleine. Sie sprach was, ich erzählte was. Meistens waren wir mit den Gedanken in der Jugend. Ob wir da Pflaumenkuchen aßen, ob ich da vom Kaffee auf die Toilette rannte, weiß ich nicht. Wie im Fluge verlief uns die Zeit. Um fünf Uhr mußte die Liesi schon wieder auf den Zug nach Frankenthal. Wie ein Traum, wie eine Vision war das. Ob wir uns gesehen haben? Wenn ich heute nachdenke, hab ich die Liesi bestimmt gesehen. Ich hab sie gesprochen. Das war unglaublich. Fünfzig Jahre waren vergangen. Von zu Hause rief die Liesi noch mal an. «Ich kann mich nicht beruhigen. Waren wir jetzt beide zusammen oder nicht?» Ein paar Tage, schrieb sie mir später, war sie krank, hatte Fieber und alles. Über so vieles haben wir nicht gesprochen. Es gelang nicht, alles auszureden.

An dem Tag in Frankfurt bin ich noch mit der Erna im Kaufhaus gewesen. Da war so vieles zu kaufen, alles konntest du auslesen und in den Korb tun und dann zum Computer hin und fertig. Ich stand da wie der Ochs am Berg. «Das brauchst du», sagte die Erna. Kurz entschlossen nahm sie ein paar warme weiße Socken. Ich wollte eigentlich lieber Sommersöckchen haben zum Sommerkleid. Aber ich konnte doch nicht sagen: «Ich will das haben.» So kann man doch nicht sein, so rabiat. Mir war das peinlich. «Ich will nicht. Laß mich raus!» Fast böse war ich auf die Erna. Ich war wie erschlagen von alldem. Du kannst krank werden in einem Kaufhaus. Jetzt, wo ich zu Hause bin, besinne ich mich. Einen neuen Gummiring für meinen Fisslertopf hätte ich brauchen können. Kitzinger Weinhefe auch und eine Form für Napfkuchen zu backen, das habe ich nun verschwitzt.

Der Hermann Gerolis schrieb mir später noch: «Warum bist Du nicht bei mir vorbeigekommen? Ich hätte Dich von

Kopf bis Fuß neu eingekleidet.» Ich bin doch angezogen, dachte ich. Diese Gerolis waren früher schon so. Sparten am Essen fürs Gesinde, wo sie nur konnten, und guckten die kleineren Bauern mitleidig an. Dieser Hermann gefiel mir von klein an nicht. Der saß auf dem Mistwagen, fuhr Dung heraus durch die Paradiesstraße durch und grüßte nicht, nicht ein einziges Mal. Sie waren eingebildet und kerndeutsch, diese Gerolis.

In Frankfurt habe ich die Häuser angestaunt. Den Hirschgraben habe ich bewundert. Wo ich doch so viel von Goethe gelesen hatte. Unlängst las ich noch einen Roman über Cornelia Goethe. Wie sie mit dem Bruder aufwuchs, wie der Vater so streng war. Der Junge durfte sich alles erlauben, auch studieren gehen. Die Tochter mußte zu Hause sitzen, und sie war doch auch so begabt. Sie mußte heiraten und hätte doch eine Schriftstellerin werden können.

Frankfurt war schön. Im Dom waren wir noch. Das ist auch so ein Riesenwerk. Die Kirche ist immer offen. Ich bat die Erna: «Weißt du, jetzt laß mich. Ich muß beten, damit die Rückreise ruhig verläuft, daß kein Sturm kommt.» Drei Tage und drei Nächte unterwegs sein, da kann allerhand passieren. Ich kniete in der Bank. Die Erna saß nebenan. Sie paßte auf mich auf, als wäre ich ein kleines Kind, und an die Hand hat sie mich genommen. Wie ein Schutzengel war sie zu mir. Auf der Fotografie, die der Günter am Bahnhof gemacht von uns allen, auch da hält sie meine Hand fest. Und ich mache so ein doofes Gesicht, als wollte ich weglaufen.

Bressot-Käse habe ich noch gegessen in Deutschland. Die Erna fragte mich immer, was ich zum Frühstück essen will. Im Burda-Heft habe ich den immer gesehen. «Bressot!» Der soll so schön schmecken. Den mußte ich probieren, alles andere war mir egal. Überhaupt hat mich Deutschland beeindruckt. Die Felder waren so sauber. Die Städtchen so ordentlich und eigen mit den roten Dächern, die Gärten sind mit Blumen bepflanzt. Berge und Burgen habe ich auch gesehen. In Detmold waren wir noch beim alten Vater Urbantat. Mit seinen 91 Jahren hatte er ein Gedächtnis wie ein junger Mensch. Er wollte alles wissen, wie es jetzt in Bittehnen aussieht.

Den Fritz habe ich nicht gesehen. Sein Sohn Reinhard besuchte mich mit dem Auto. «Nimm mich mit. Ich will sehen, wie ihr lebt.» So habe ich ihn gebeten. «Nein.» Es ging nicht. Fritz seine Schwester Hilde lag im Sterben. Sie lebte bei denen, und sie setzte durch, ich sollte nicht kommen. Das kann man verstehen. Wollte sie nicht am Ende noch an das Vergangene und das alles erinnert werden? So bekam ich den Fritz bloß am Telefon zu hören. War er so still, oder bin ich schon so taub? Weiß der Kuckuck, so wie es war, war es richtig. Was hätte ich mit dem Fritz in Sibirien angefangen. Er wäre mir gestorben in dem Frost und dem allen. Oder ich, wenn ich mit ihm gelebt hätte in Bad Kissingen, ich wäre sicherlich längst tot.

Alle waren lieb zu mir. Auch die Nachbarn in Bad Kreuznach, wo wir wohnten. Und wie wir wegfuhren, winkten sie durch die Fenster mit Handtüchern.

Auch meine Birutė, auch mein Alfredo waren begeistert. Sie waren noch bei den Leuten gewesen, die nach dem Krieg mit uns kurze Zeit Wand an Wand wohnten und dann Papiere machten nach Deutschland. Er stammt von Schmalleningken, sie ist eine echte Litauerin. Sie haben sich ein schönes Haus aufgebaut. Birutė erklärte mir von dem Lastenausgleich, den sie erhielten. Aber die Aldonna hätte gesagt: «Was habe ich gearbeitet! In Gummistiefel stand ich und hab die Wände selbst verschmiert.» Das glaube ich gern. War doch alles zerstört in Deutschland, viel mehr als in unserem Memelland, sagt man. Nur weil sie von der Arbeit mehr verstehen als in Litauen, haben sie sich hochgebracht.

Damals, als ich in Deutschland war, wenn ich morgens aufwachte in Urbantats Zimmer, glaubte ich: Jetzt wird mir zu Hause mein Memelstrom nicht mehr gefallen. Die Wege werden mir eng sein. Man möchte in den Arm nehmen die ganze Schönheit, aber sie ist fremd geworden. Und dann liefen wir in den Hafen von Klaipėda ein gegen Morgen, der Lotsmann holte das Schiff durch die schmale Öffnung der Kurischen Nehrung, da wußte ich mit einem Mal, innerlich, das ist mein Hafen. Hier ist alles meins. Ich war auf Urbantats Kirchhof in Höxter, wo die Mutter begraben ist. Mir gefiel der Kirchhof nicht. Da war so schwer die Erde, so schwarz. «Mir ist hier besser», sagte ich zum Günter Urbantat, wie er das nächste Mal nach Bittehnen kam. «Der Sand ist leicht. Hier ist leicht zu ruhen. Auf eurem Kirchhof, da war mir schwer.»

Wir kamen nach Bittehnen, die Ina lief uns entgegen und rief etwas. Da sahen wir es schon. Vom großen Stall war das Dach abgestürzt, zusammen mit dem Storchennest. «Mami, sieh nur», und die Ina hat erzählt, wie sie vor dem Fernseher saß. Sie zeigten gerade den «Baltischen Weg», wie die Menschen sich an den Händen faßten und sangen für die Freiheit. Genau in dem Augenblick war es: Es krachte, und die Ina sprang heraus vor Schreck. Die Dachpfannen flogen, die wo ich dem Arthurchen angereicht hatte, als Mädchen damals.

Halt dich am Zaun

Was jetzt kommt, darüber bin ich mir nicht klar. Den Tod hat noch niemand ergründet. In der Nacht, wenn ich erwache, ringe ich mit den Gedanken. Eine Seele muß doch leben, oder nicht? Wenn der Mensch eine Seele hat, muß sie unsterblich sein. Das läßt mich nicht in Ruh. Von Gott weiß ich nicht viel. Im Leben hat er mich geleitet, das habe ich wohl gespürt. Nur wenn es geht über diese Schwelle, in das Andere, wie das sein wird, das weiß ich nicht. Ob da eine Hand ist, ob da ein Fahren ist oder mehr so ein Ruck? Manchmal bin ich schon müde vom Denken daran. «Schlafe selig und süß, wie Zucker und Anis», sagten unsere Leute früher. Wenn ich so schlafen könnte, ohne zu denken, das wäre einfacher.

Das letzte Stündchen, das nimmt keiner leicht. Auch Goethe hat unter diesen Problemen gelitten. Wie Schiller starb, da war er so außer sich, daß er sich nicht mehr zurechtfand. Allen alten Menschen ist es so ums Herz, glaube ich. Am schönsten ist, wenn man bis zum Ende arbeitet. Alle sagen immer: «Lena, arbeite doch nicht. Warum arbeitest du?» Wenn ich Arbeit habe und mich an ihr freuen kann, das hält mir den Trübsinn fern. Dann tut mir dies weh und das, und ich schlafe nachts noch schlechter.

Manchmal zuckt so das Herz zusammen. Manchmal stelle ich mir vor, wie sie mich begleiten zum Rombinus. Dieser wird vielleicht weinen, der andere wird still sein. Früher, wenn einer gestorben war, wenn es nicht ein Nahestehender war, dann kam man vom Friedhof und war schon gleich wieder fröhlicher Stimmung.

Meine Mutter sprach abends immer ein Gebet vor dem Schlafengehen: «Gottvater, alles lege ich in deine Hände.» Sie betete nicht viel, nur diesen einen Satz. Darauf stieg sie ins Bett und schlief ein. Ihr Tod 1958 war kurz und schmerzlos. Schon länger, schon nach dem Sibirien, hatte sie solche Anfälle. Aber sie gingen vorüber, und an diesem Abend hörten sie nicht auf. Ich war dabei, ich saß auf dem Bett; «sunku», stöhnte sie, «sunku.» «Schwer» ist es hier auf der Brust. Mit einem Mal war sie weg, ganz schnell.

Ich spreche auch oft ein Gebet zur Nacht. Aber das richtige habe ich noch nicht gefunden. Auch für nach dem Tode mußt du genau wissen, was richtig ist. Ein evangelischer Pfarrer ist schwer zu bekommen hier. Der wo in Heydekrug ist, täte sich bemühen. Wenn er da ist und wenn es dringend ist, würde er schon kommen. Aber neulich war er zur Erholung in der Schweiz. Da hätte ich warten müssen mit dem Sterben.

Die Kinder sollen eine schöne Tafel auf mein Grab stellen mit einer litauischen Inschrift. Ich will eine eigene Tafel auf ein eigenes Grab, neben meinem Mann und nicht in derselben Grube. Birutė hat es mir zugesagt. Sie will später mit ihrem Alfredo auch in unserer Gräberreihe liegen. Der Ina ist alles egal. Sie sagt: «Macht mich dem Erdboden gleich. Ich will nichts danach.» Sie will überhaupt kein Grab, keiner soll das Grab pflegen, keine Becherprimeln und kein Flieder, nichts. Und ich sage: «Weißt du, du bist ganz hirnverbrannt.» So ist die Ina heute. «Weißt du, Mama, manchmal glaube ich, daß wir alle zusammen kaputtgehen – die Achtzigjährigen, die Fünfzigjährigen und die Achtzehnjährigen.»

Drei oder vier Jahre möchte ich noch haben. Dann wäre ich so alt wie mein Vater geworden. Ob ich dann bereit bin für das Letzte oder ob ich immer noch nicht durch das Tor gehen will? Mein Gehör ist schlecht geworden. Die Nachtigallen und Kuckucks höre ich schon nicht mehr. Nach Paris wollte ich immer noch reisen in meinem jugendlichen Leichtsinn. Ich habe viel vergessen von meinem Französisch. Aber wenn ich so gestellt würde wohin, ich würde mich durchkämpfen. Ein Wort, ein Satz, das würde sicher wiederkommen. Manchmal schießt mir noch ein Gedicht in den Kopf.

«Mon beau sapin,
roi des forêts,
que j'aime ta parure.»

Man muß Gelegenheit haben zu sprechen. Mit wem im Dorf sollte ich das tun? In dem «Glöckner von Notre-Dame» waren solche schönen Bilder von Paris. Auch das französische Volk war einmal so arm. Das haben der Zola und der Maupassant so wahrhaft beschrieben. Das gefiel mir. Nur mit den Mätressen von diesem Ludwig, das war nicht so angenehm. Lieber habe ich Bücher gelesen, wo solche Weiber nicht vorkamen.

Auf dem Schiff nach Deutschland haben wir damals einen Jonas getroffen, der war Lehrer und in Paris gewesen mit dem Auto. Ihm hat es gar nicht gefallen. Er klärte uns auf: «Ihr könnt euch nicht vorstellen, da, wo die Hauptboulevards sind, der Eiffelturm und Notre-Dame, da ist es schön. Nur komm du bloß raus in die Vorstädte, da ist es dreckig und traurig. So was hast du in der Welt noch nicht gesehen.» Trotzdem, auch wenn der Jonas so enttäuscht war, hin will ich doch zu gerne. Mein gefallener Bruder Arthur war auch in Frankreich gewesen. Er schickte mir aus dem Krieg ein Fläschchen «Bleu Narcisse». Auf der Flucht nahm ich es mit. Da kam ein Russe auf den Wagen und nahm es mir weg, einfach so. Damals, unterwegs, konnte ich noch nicht so gut Russisch. Das war komisch, mir fiel immer Französisch ein. «Non! Non! Laissez-moi!» schrie ich den Kerlen zu. «Ni nada!» habe ich erst später gelernt nach alldem.

Es wäre richtiger, jetzt vorwärts zu denken und zu tun. Menschenskind, was da noch alles ist zu regeln! Vom Staat werden bald die Vermesser kommen, das Land neu zu teilen. 28 Hektar fallen auf mich zurück, so groß war das Elterliche seinerzeit. Noch habe ich es nicht, bloß drei Hektar haben sie mir angewiesen bis jetzt. Um alles schön und richtig zu machen, gehören auf einen Hof zwei Frauen und ein Mann. Und alle müssen arbeiten, dann können wir das bewältigen. Eine muß sich mit dem Kochen beschäftigen, mehr mit der Innenwirtschaft, eine mit der Außenwirtschaft. Der Mann muß die Felder bestellen und den Stall besorgen. Aber so ein Mensch, der wie ich schon klabastrig ist, taugt nicht dazu. Dann mußt du Steuer zahlen und so weiter, du mußt Pferd und Traktor kaufen, Viehzeug und allerhand. Alles fängt von vorne an. Jetzt kannst du schaffen, wirken, denken in Litauen. In ein paar Jahren kannst du ein Fundament legen. Aber wissen kannst du nie, ob sie dir nicht wieder alles ausreißen.

Auf meine Töchter kann ich nicht rechnen. Manches Mal nehmen sie unentgeltlich Urlaub, um mir zu helfen. Aber sie haben ihre guten Berufe, sie haben ihre eigenen Kreise, und sie haben nicht mehr viel Kraft übrig. Das Sibirien sitzt ihnen in den Knochen, besonders der Ina. Als Kind hat sie jeden mit ihrem Charme bedeiwelt, jetzt ist sie gedrückt von den Schmerzen und den Kämpfen. Dunkel ist sie geworden, die Ina. Wenn ihr die Söhne vom Kopf gehen würden, wäre es ihr schon leichter. Aber wo sollen die hin? Mindaugas ist noch sehr jung, ein Draufgänger, ohne Pläne. Vielleicht geht er zur Polizei. Žilvinas, der Ältere, ist ernster. Mir sagt er immer, dort in Schmalleningken ist sein Quartier, sein Zuhause ist Bittehnen. Wollen wir sehen, ob er glücklich sein Studium beenden wird. Ihm gefällt das, Bäume zu pflanzen und Ordnung zu machen im Stall. Aber um ein Bauer zu sein, muß man nicht nur die Natur lieben, sondern die Erde. So richtig weiß er es nicht, und er müßte umsatteln von der Elektrotechnik und Agronomie studieren. Und eine Frau müßte er finden, die mit ihm zieht.

Žilvinas hat auch noch sein Teil abgekriegt. Beim sowjetischen Militär haben sie die baltischen Soldaten schikaniert. Neulich war großer, langer Prozeß bei uns am höchsten Gericht. Ein litauischer Soldat lief Amok, er war nach den Schlägen in der Roten Armee aus dem Verstand gegangen. Wir wollten, daß sie ihn unschuldig sprechen, natürlich. Auch unseren Žilvinas haben sie fast totgeprügelt. Dort, wo im November die Nacht beginnt, mußte er Dienst tun, am Nördlichen Eismeer. Pelze hatten sie nicht da in Tjumen. Keiner von den Vorgesetzten hat danach gesehen, wenn die Jungen sich gegenseitig kaputtschlugen. Manche sind weggelaufen in den Schnee und sind erfroren draußen, sie hielten das nicht aus. Mir schrieb er nichts von seiner Not: «Oma, es geht gut. Ich habe Geld und alles.» Aber bei Birutė bat er heimlich: «Schicke mir Gebete. Irgendwas, damit ich einen Halt habe.» So hat er das durchgestanden, wir bekamen Žilvinas heil zurück.

Meine Enkelsöhne waren viel bei mir. Unbedingt wollte ich ihnen Deutsch beibringen. Das ist mir nicht richtig geglückt. Ich schleppte die Jungens immer mit, wo ich dachte, daß sie etwas lernen können, auch nach Laugzargen in die kleine Kirche. In Laugzargen sind doch meine Eltern getraut worden. Dort war noch ein Laienprediger wenigstens, der so, wie er es verstand, alles betete und tat. In Willkischken in der Kirche hatten sie eine Scheune einquartiert. In der Pogegener Kirche machten sie Kino. Nur Laugzargen war noch. Als Mindaugas einmal von der Schule nach Hause kam, sagte er: «Oma, zur Kirche fahr ich nicht mehr. Die Lehrerin hat gemeint, es gibt keinen Gott, das ist Dummheit zu glauben.» Da war er noch nicht vierzehn, und er hat immer trainiert, immer Klimmzüge gemacht und geboxt, damit er vorbereitet war auf das Militär. «Proteine sollen sie aus Deutschland schicken», wollte er unbedingt. «Muskeln kriegt man durch Arbeit! Man muß feste zupacken und kalt baden.» Das war meine Meinung. Wir haben uns immer gestritten. Wie es jetzt aussieht, wird der Mindaugas das nicht brauchen mehr. Bald wird Litauen sein eigenes Militär haben.

Ich bin mit den Enkeln nicht zufrieden manchmal. Und Irena wieder läßt nichts auf sie kommen. «Sie sind übermüdet, du weißt davon nichts. Alle sind übermüdet», sagt sie.

Solche jungen Menschen, wovon sollen sie übermüdet sein? Sie sollen zeitig schlafen gehen und morgens früh aufstehen. Und nicht abends bis zwölf, eins vor dem Televisor hokken. Da verblöden sie nur. Tarzan und weiß ich was, nichts ist da zu sehen.

Das Haus und den Stall werde ich jetzt verschreiben für die Kinder. Das läßt mir keine Ruhe, das Testament muß fertig sein. Wenn ich das gemacht habe, kann kommen, was will. Das geht nicht so schnell. Einfach aufschreiben und fertig, das geht nicht. Das muß erst mal vom Herzen abgerissen werden. Sieben fremde Kandidaten sind schon bei mir gewesen und wollten immer kaufen.

Ich denke so: Wenn wir uns frei machen von Moskau und viele Menschen wollen ihr Land zurückhaben und anfangen zu arbeiten, dann wird es gut sein. Alles hat Moskau genommen, für uns ist früher nichts geblieben. Wir wollen jetzt unbedingt selbständig sein. Was wir erwirtschaften, bleibt bei uns. Ich hab mit vielen gesprochen, die auch nachdenken. Unser Litauen hat es am schwersten. Wir liegen auf diesem Punkt, wo es kritisch ist. Da will Moskau uns haben, da wollte der Deutsche uns haben. Da will der Pole uns haben. Alle reißen von uns. Wenn das Königsberger Gebiet frei wird und die Deutschen wieder dorthin kommen, dann werden sie wieder auf das Memelgebiet fallen. Und ohne Hafen können wir in Litauen nicht leben. Wir müßten dann über Riga. Lettland liegt hinten, Lettland ist nicht so begehrt, und Estland liegt auch hinten. In das russische Ostpreußen sollten die Deutschen ruhig kommen und wirtschaften. Die würden das hochbringen. Sie könnten ein Beispiel geben mit ihrem Fleiß. Nur das Memelgebiet sollten sie nicht nehmen, das sollten sie uns lassen.

Mit der Wirtschaft auf dem Lande ist es ein Kreuz. Der Sowchos verteilt das Land, Kühe, Schweine, Maschinen. Die

Direktors, wo Geld haben aus dunklen Kanälen und die an der Quelle sitzen, kriegen zuerst. Vor allem die Traktoren, die so selten sind. Nur haben sie keine Ställe für privates Vieh. Die großen vom Staat sind zu groß und für den Privatmann zu weit weg. Jetzt könnten sie unsere Höfe und Dörfer wieder brauchen, die sie nach dem Krieg weggemacht haben. Was also tun sie? Sie schlachten das Vieh, verkaufen oder wecken ein. Und dann ist nichts mehr. In einem Jahr ist alles ausgefressen und fertig. Was ist ein Bauer? Das müßte man wissen heute. Die Alten, die es noch wissen, sind zu alt und haben keine Autorität mehr. Die Jungen, die haben immer nur gesehen, da ist ein Traktor auf dem Feld, da arbeiten die Füttermaschinen. Jeder machte sein Stückchen, was ihm aufgetragen war. Wie und warum etwas gedeiht, das wußte bloß vielleicht der Agronom. Landwirtschaftliche Winterschulen müßte man machen, und man müßte die «talka» wieder einführen.

Ich habe Sajudis gewählt. Die von Sajudis und der Landsbergis, die haben alles ausgeknobelt in Vilnius mit der Freiheit. Eigentlich als Mannsbild gefällt mir der Brazauskas besser, der war nur früher bei den Kommunisten. Das geht nicht, kein Mensch kann sich so schnell umwandeln. Hier im Rayon war ein junger Mann als Kandidat von Sajudis. Das ist ein studierter Mensch, der kann denken. Und seine Eltern haben auch gelitten in Sibirien.

Damals, 1991, im Januar, das ist gerade doch erst vorbei. Wie die Tanks da in den Straßen fuhren, dachte ich bei mir: Halt dich am Zaun, der Himmel ist hoch. Das ist so ein geflügeltes Wort bei uns gewesen. Die Welt ist immer unruhig, es gehen Unruhen über alle. Was werden sie nun wieder aushecken? Es sind schon so viele Jahre nach dem Krieg, vielleicht erhebt sich wieder einer? So ein Phantasist, der die Welt in Aufruhr bringt und die Menschen? Auch ein Erdbeben kann kommen. Man kann sich auf nichts verlassen.

In Bittehnen soll der Laden geschlossen werden, ehemals Fabian. Für die alten Leute ist das ein Schlag. Willst du auf den Bus steigen für Brot, zwölf Kilometer reisen für Mehl? Auch die neue Zeit ist schwer. Viel Gutes kann ich von ihr nicht sagen. Im Geistigen ist sie groß, zum Teil. Im Televisor, wenn sie das Parlament bringen und alle sprechen so frei, dann freue ich mich. Auch daß unser Martin Jankus jetzt in der Verehrung ganz oben steht, ist schön. «Mažosios Lietuvus patriarchas» nennt man ihn. Viele Studenten wollen ihre Examensarbeit über ihn schreiben und kommen, mich nach ihm zu fragen. Wir Bittehner alle haben ihn, als er unter uns war, nicht so hoch eingeschätzt. Jetzt, wo die Materialien über ihn zusammengetragen sind, weiß ich erst, wieviel der Jankus geleistet hat. Für sich persönlich hat er nicht viel erobert. Er war still, erinnere ich mich. Wie er mit meinem Vater stand an unserem Hoftore, hatte er einen schäbigen Pelz an. Bald wird das Jankus-Museum fertig sein. Es ist der erste und einzige Neubau im Dorf seit langem, langem. Letztes Jahr haben sie Jankus' Knochen von Flensburg auf den Rombinus gebracht, den ganzen weiten Weg. Ein Grabstein ist auch schon aufgestellt. «Hier ruht in Gott», steht darauf geschrieben. Darin irren sie sich, Jankus war nicht gläubig, auch seine Familie nicht. Jankus war ein Freidenker. Die Natur war für ihn Gott.

Unser preußisches Litauen ist nicht mehr da, meine ich. Es ist ausgestorben schon lange, lange. Ein paar sind noch an der Memel, wie ich. Wir sind so zerstreut, wir können nicht zusammen gehen, kein Korpus bilden, wie das die polnischen Menschen bei uns tun. Meine Kinder und Enkel sind Litauer, normale Litauer. Es hat keinen Sinn, sie hin und her zu zerren, nach alldem. Im nachhinein muß ich zugeben, mein Mann hatte recht. Ich hätte mehr zu ihm stehen sollen. Heute, wenn er mich sehen würde, er wäre zufrieden mit meinem Patriotismus.

Deutschland ist weit weg auch. Und die von Deutschland kommen zu Besuch, die wissen auch nicht Bescheid über das alles. Sie bilden sich ein, ich bin eine Deutsche wie sie, und sie oder ihre Eltern wären reine Deutsche früher gewesen. Das verstehe ich. Die Bittehner haben sich auch zu einem Patriotismus bekennen müssen, dort drüben im Westen. In dem Deutschland, wo sie verstreut sind, ist doch Litauisch nicht das richtige. «Ich bin halb und halb», erkläre ich manchmal zum Spaß. Wirklich wahr ist das auch nicht. Was da war einmal, weiß ich schon selber nicht mehr.

Wenn ich an der Memel sitze und auf den Strom schaue, denke ich oft, die einzig wahren Gedanken sind von den Dichtern geschaffen. Dieser Goethe vor allem, der Goethe hat das getroffen.

«Fließe, fließe, lieber Fluß!
Nimmer werd ich froh;
So verrauschte Scherz und Kuß,
Und die Treue so.»

Was sich für das Leben verwenden läßt, das habe ich mir immer gemerkt.

Laurenzia, liebe Laurenzia mein

Wenn ich die Fenster vom Schulhaus nicht mit Plastikfolie hätte überziehen lassen, wäre nichts geschehen. Durch Druck, nur durch Druck, sonst hätte der junge Mann nichts angerührt. Im Sommer pinselte er meine Küche. Ich bezahlte ihm erst zehn Rubel, und dann stellte ich ihm noch auf den Tisch, was er gerne trinkt. Als er fertig war, sagte ich zu ihm: «Mach mir noch den Hausflur, ich gebe dir noch fünf Rubel dazu.» Dann hat er den Flur gemacht, und dann fiel mir plötzlich die Schule wieder ein. Kinder sind schon ein paar Dutzend Jahre nicht mehr dort. Vor die Fenster haben sie solche Koddern vorgelegt. Von der Straße mußte ich das immer mir ansehen. «Mein Gott, wenn ich bloß die Kraft hätte!» Das sah so aus, wie wenn Räuberfamilien da wohnen. Das stimmt auch so ungefähr. In den Klassen finden sich die Trinker ein, wenn sie ihren Rausch ausschlafen. Am anderen Ende, in der Lehrerwohnung, ist eine Großmutter mit ihrem kleinen Enkel. Die ist sauber, die ist eigen, aber sie ist schon über die kaputten Stufen gefallen, weil keiner sie flickt. «Geh zur Schule», sagte ich also zu meinem jungen Mann, «vorher bekommst du die fünf Rubel nicht, und Bier lege ich noch drauf, danach.» Das hat er getan, schön Plastikfolie ausgeschnitten, ein paar Hölzer gesägt für die Verstrebungen. Nun sieht das wenigstens nicht mehr so loddrig aus. Eigentlich hätte das die Verwaltung tun müssen. Zigmal habe ich bei denen vorgesprochen. «Bei Jankus, da macht ihr was, das Haus haltet ihr in Ehren. Aber kommt mal sehen, wie es hier in der Mitte des Dorfes aussieht!» Sie sorgen sich nicht um die Menschen, auch jetzt nicht.

Im Dorf sind sie alle unter sich. Litauer – und sie sind nicht schlecht. Man verträgt sich. Sie helfen mir, aber ich bleibe nichts schuldig. Es ist wie so eine Scheidewand zwischen uns. Sie trinken alle gern und zeugen Kinder im Suff. Das liegt uns Bittehnern, die wo wirklich von hier sind, nicht. Wir sind doch anders erzogen und aufgewachsen, haben andere Denkweisen und Horizont. Unmerklich macht sich eine Kluft dazwischen, sie wird mit den Jahren größer. Aber ich bin immer zu Hause. Es gehört alles mir. Der Baum gehört mir, der Wald gehört mir, die Luft gehört mir, der Berg, der Rombinus gehört mir, der Memelstrom, der Kirchhof, alles gehört mir, mir, mir! Und ob ihr euch da alles aneignet, das zählt mir nicht, das stört mich nicht. Liesis Kartoffelkeller, den gebe ich nicht her. Der gehört auch zu mir. Die Nachbarn wollten ihn haben für sich. Die wollten alle den Keller haben, hatten schon einmal den Schlüssel genommen. Ich werde von Pontius nach Pilatus gehen: Ihr bekommt den Keller nicht!

Meinen 80. Geburtstag habe ich gerade gefeiert. Eigentlich wollte ich ihn stillschweigend übergehen. Aber die Rosita vom Amt, die wußte das und sagte: «Der Leiter vom Sowchos will an dem Morgen kommen, um dir zu gratulieren. Ich werde dir die Inga schicken zum Helfen.» Mir war das nicht recht. «Die Fenster sind nicht geputzt, alles ist wie Kraut und Rüben.» Was konnte ich machen? Die kamen und putzten, die Birutė setzte sich in den Bus und brachte so allerhand. Ich mußte backen. Stühle schleppten sie heran, eine Decke rauf auf den Küchentisch. Das Wetter im Juni war schön, so richtig für eine größere Gesellschaft. Der vom Amt in Willkischken kam, der Oberste von den Tierärzten, zwei Frauen von den Traktoristen, die mir immer die Kartoffeln gehäufelt haben mit ihrem Pflug. Der eine hat sich erhängt noch im selben Sommer. Ein Bekannter von Tauroggen war und die Maryte Pempiene, der ich nach dem Kriege den Lavonas besorgt hatte als Mann. Die Herren vom Kontor brachten eine große Vase, und ich bekam eine Schärpe umgebunden. Das ist bei Jubiläen hier gang und gäbe. Dann haben sie schön gratuliert und alle unterschrieben auf einem Brief, daß sie mir Glück wünschen. Ich sei nun die Älteste und Einzigste in diesem Dorfe, die noch vorhanden ist. Nachher setzten wir uns um den Tisch, Birutė und Rosita bedienten. Und ich saß wie Madame Bräsig da.

Madame Bräsig ist eine so Dickmadam, die dasitzt und

sich nicht rührt. Ich brauchte nichts zu tun. Der Kuchen rollte an, Kaffee schenkten sie ein. Ich schmeckte und schmeckte noch mal. «Kinder», sagte ich, «was habt ihr für einen Plemperkaffee gemacht!» Auch die Herren waren enttäuscht, daß der Kaffee nicht das war, was sie gedacht hatten. «Macht sofort einen richtigen, guten Kaffee!» Vielleicht hatten Rosita und die Birutė beschlossen zu sparen? War genug da aus Deutschland für eine größere Gesellschaft.

Wir haben uns unterhalten, und später begannen sie zu fragen. «Erzähl uns, wie du zu dem Kondratavičius gekommen bist. Was war die Triebfeder von allem?» Ich unterhielt die ganze Runde, das war schön. Fotografiert haben sie mich noch mit der Schärpe vor dem Gartentor. Das haben sie in die Zeitung von Šilutė gestellt und eine Geschichte dazu. Das Ende vom Fest habe ich ein bißchen falsch gemacht. Ich hätte sollen, bevor sie auf die Maschinen stiegen, die «Laurenzia» spielen. «Laurenzia, liebe Laurenzia mein, wann werden wir wieder zusammensein?» Das ist so ein Kreisgesang. Bei «Laurenzia» muß man immer knicksen. «Wann werden wir wieder zusammensein?» Die erste Strophe antwortet: «Am Sonntag!» Und alle singen: «Ach wenn doch alle Tage Sonntag wär, und ich bei meiner Laurenzia wär.» Und so weiter, am Montag, am Dienstag, und wenn du die ganze Woche durchgeknickst hast, kannst du dich anderntags nicht bewegen.

Das hab ich verbockt. «Kommt, wir machen alle Laurenzia!» Vielleicht war es auch gut so, daß ich sie nicht aufgerufen habe. Sonst hätten sie gesagt nachher: «Donnerwetter, tun mir die Knochen weh!»

Ein schöner Tag war das. Ich hatte noch meine Haare machen lassen. Gisela hatte aus Detmold so ein rot-lilanes Kleid geschickt. Aber von dem Tage an sagte ich: «Herrschaften, in die Norm gehe ich nicht mehr. Es ist genug.» Und sie haben mich auch nicht mehr geholt. «Am Ende werdet ihr mich noch aus dem Grabe rausholen zum Harken.» In den letzten Jahren, wie die Mädchen von Klein-Wanzleben mich besuchen kamen, da fuhren wir alle zusammen harken. Die Hilda und die Traute Dwilies sind schon alt auch, aber noch jünger. Die Sonne war heiß. Ich legte mich in den Schatten. Ist so viel Jugend, dachte ich, was soll ich altes Klabaster da? Macht, was ihr wollt!

Nicht lange nach meinem 80. Geburtstag hat das sowieso aufgehört mit der Norm. Der Sowchos ist hin. Wir müssen nicht mehr für den Staat arbeiten. Und die schicken uns keine Hilfe mehr für unsere eigene Wirtschaft. Alles ist privat und nur für Geld.

Wenn du nicht zahlst für alles, kannst du verrecken. Neulich habe ich drei Tage gewartet und zehn Dollar bezahlt, bis ein junger Mann mit einem Traktor kam, mir das Feld zu pflügen. Es war schon abends nach zehn, als sie kamen. Mit sechs Mann hoch oben auf dem Sitz, betrunken. Sie schrien wie die Wilden, und sie haben mir den Apfelbaum umgefahren.

Alles, was über achtzig Jahre gerät, ist eine Zugabe. Über achtzig ist jeder Tag ein Geschenk. Zu meinem Geburtstag ist der große Stall fertig geworden. Er gehört wieder mir, ich kann ihn verpachten, wenn ich will. Ich kann etwas reinstellen, wenn ich will. Drei Hektar Land schon haben wir in diesem Frühjahr bestellt. Auf dem Dach landen jetzt die Störche wieder. Vielleicht kommen sie, Anstalten machen, sich einzurichten? Ich höre nicht, ich sehe bloß, wie sie klappern. Wenn die da oben sind, die Störche, dann ist mir die Wirtschaft voll.

Honig und Butter
Nachwort 2007

In der Nacht höre ich Rufe, und dann Mindaugas' schnellen, festen Schritt auf der Treppe. Später, ungewöhnlich lange, ein Wasserrauschen im Bad. Jetzt weiß ich, was los ist: Er wäscht das Blut ab, das Kalb ist also geboren! Beruhigt schlafe ich ein und überlasse mich wieder den Fieberträumen, in denen ich an Bäumen und hohen Häusern vorbei, abenteuerlustig, voller Angst, ins Weltall jage, hier und da steckt ein Mensch die Nase aus der Finsternis und wendet sich mir zu. «Lena?» – «Ulla!» Plötzlich bin ich wach, über mir ein Kindergesicht, blonde Zöpfe. Eva! Und hinter ihr Birutė mit einem Schüsselchen in der Hand. «Was macht das Fieber? Du wirst jetzt sofort heißen Honig mit Butter essen!» Ich tue es – gehorsam, ich habe Grippe, ich bin in der «Paradiesstraße».

Bin ich wirklich in der Paradiesstraße? Alles, fast alles ist völlig anders als damals. Es gibt Momente, da stehe ich fassungslos in Lenas Speisekammer: Sie ist heute ein modernes Bad, wo früher das Pökelfass stand, befindet sich ein Wasserklosett. Wenn ich aus dem Haus trete, sehe ich schwere landwirtschaftliche Maschinen und einen Gartenteich mit Badesteg, nachts wird er von Solarlampen romantisch beschienen. Computer und Öko-Waschmaschine, Barbiepuppe und Lego, die größte aber der vielen erstaunlichen Neuigkeiten ist: dass dieser Hof überhaupt noch existiert, im Familienbesitz geblieben ist. Nach Lena Grigoleits Tod im April 1995 gab es niemanden, der ihn übernehmen konnte und wollte, Birutė nicht, Irena nicht, noch die Enkelsöhne Žilwinas und Mindaugas – der Abschied stand bevor, herzzerreißend und unausweichlich. «Damit endet», schrieb ich seinerzeit im

Nachwort zur Lebensgeschichte der alten Bäuerin, «das letzte Kapitel einer preußisch-litauischen Familiengeschichte.»

Im Frühling 2007, in dem Birutė mit ihrer Wunderarznei, Honig und Butter, jeden Morgen an mein Bett tritt, entsteht der Plan zu einem neuen Nachwort. Diese ersten Sätze schreibe ich an Evas Tisch, es werden nicht besonders viele. Eva lockt mich, sobald sie aus der Schule kommt, in den Garten und später, als es mir schon besser geht, an die Memel. Sie ist sieben, ein ernstes litauisches Mädchen, Lenas älteste Urenkelin. Und ich bin noch immer ein wenig Teil dieser kleinen Welt, auch das war nicht vorhersehbar.

Bevor ich vom Neuen erzähle, will ich noch einmal zurückblicken auf meine Zeit mit Lena Grigoleit. Die Jahre der großen Wende in Europa, die mir heute oft unwirklich fern erscheinen, selbst deren glücklichste Augenblicke.

Lena zu begegnen war ein Glück, das ich für immer festhalten möchte.

1989 – wie es anfing

Ein ungewöhnlich warmer September, wenige Wochen später fiel in Berlin die Mauer. Überall, sogar in den fernab der Landstraßen gelegenen Dörfern, spürte man den Wind der Freiheit. Ich war mit einem Fernsehteam aus Köln im westlichen Litauen unterwegs, jenem schmalen Streifen nördlich der Memel, der einmal zu Deutschland gehört hatte. An diesem Abend waren wir auf der Suche nach einem Dorf namens Bitėnai, zu deutsch Bittehnen: dem Schauplatz von Johannes Bobrowskis Roman «Litauische Claviere». Unterwegs in Richtung Rombinus kreuzte ein alter Mann unseren Weg, und wir fragten ihn, ob hier noch jemand wohne von früher. «Ja», gab er zur Antwort, «eine einzige Frau, Elena

Kondratavičiene», und zeigte auf ein Backsteinhaus, «dort drüben, wo die vielen Dahlien blühen.»

Auf unser Rufen hin kam sie aus dem Haus, klein und behände und ein wenig krumm. Sie schien kein bisschen verwundert über unseren Besuch, mit der größten Selbstverständlichkeit der Welt fing sie an zu erzählen: «Wie lang ich hier schon wohn? Gleich achtzig Jahre. Die anderen Bittehner sind verstreut in alle Winde. Die meisten sind im Westen, in Deutschland. Manche sind auch in Kanada, manche sind in Amerika. Je nachdem wie das Schicksal sie verschlagen hat. Die Einzige bin ich geblieben.» Ihre Rede handelte von einer Tragödie, und sie strahlte dabei Kraft und Helligkeit aus. «Leben Sie gern hier?», fragte ich dazwischen. «Ja!», sagte sie und lachte. «Jetzt auf Lebensende sollte man doch auch wirklich gerne leben hier. Was soll man noch weiter? Wo soll man noch weiter hin? Heimat ist Heimat, da kann man nichts Besseres finden.»

Diese Frau stellte eine provozierende Behauptung auf: Sie habe in diesem schrecklichen Jahrhundert den besseren Teil erwischt, sie, die zu Hause blieb, sei glücklicher als die anderen, die im großen Strom der Geschichte schwammen und heute komfortabel im Westen leben. Die Weise, wie sie sprach, war überzeugend. Für einen Moment konnten wir uns vorstellen, die Welt von diesem Flecken an der Memel aus zu betrachten. Dass ein Mensch an seinem Platz bleiben könnte und dass dieses normal ist. Plötzlich kam uns die Tatsache der Vertreibung von Millionen Menschen in Mitteleuropa sonderbar vor.

In meiner Erinnerung dauerte diese erste Begegnung eine halbe Ewigkeit. Tatsächlich war sie nur zwei Filmrollen lang, ungefähr 24 Minuten, nicht viel mehr haben wir bei ihr am Gartenzaun gestanden. Bei meiner Rückkehr nach Deutschland fand ich einen Brief von ihr vor. «Chère Madame

Ulla!», schrieb sie, und sie drückte noch einmal ihre Freude über unseren Besuch aus und bat mich, ihr ein Handtuch mit Rosenapplikation und eine Dose Ata zu besorgen sowie schmerzstillende Tabletten, «ich entgelte es Ihnen mit Rubel». Und sie fragte: «Wann sehen wir uns wieder? Es wartet darauf – Ihre Lena K.»

Ein Briefwechsel entspann sich, schon im März 1990 war ich wieder bei ihr, wir saßen einen ganzen Nachmittag in ihrer mollig warmen, rußgeschwärzten Küche. Ich war hingerissen von ihrem Erzählen, sie nahm mich mit in ihre Kindheit, in ihre Ehe mit einem gewissen Konstantin, nach Sibirien. Sie weinte. Über sich? Oder den Film «Romeo und Julia», den sie in Sibirien im Kino sah? Schon während sie redete, kam mir der Gedanke, ihre Geschichte aufzuschreiben. Sie hatte offenbar selbst vorgehabt, es zu tun: «Weißt du, wenn ich alles schön der Reihe nach aufschreiben würde, das würde ein schönes Buch abgeben. Der Schriftsteller würde das ausarbeiten und ein bisschen seine eigenen Gedanken hinzufügen. Dann würde es der Lebenslauf einer alten Frau sein. Aber am Tage kann ich mich nicht hinsetzen und schreiben. Ich habe dazu keine Ruhe. Da musst du auf dem Hof sein, da musst du in den Stall gehen, in den Garten gehen. Abends, ja, abends setze ich mich hin. Dann fällt mir der Federhalter aus der Hand.»

Es war jener März, in dem Litauen seine Unabhängigkeit erklärte und sich die Lage im Land dramatisch zuspitzte. Vielleicht würde es Krieg geben, vielleicht würden wir einander nie wiedersehen. Das Monatsende erlebte ich in der Hauptstadt Vilnius, im von sowjetischen Panzern umstellten Parlamentsgebäude. Lena Grigoleit schrieb mir hinterher: «Meine liebe Ulla! Tanks fahren durch die Straßen. Gott schütze und bewahre uns.» Die Angst hat, glaube ich, unsere Annäherung sehr beschleunigt. Jedenfalls antwortete Lena auf meinen Brief, der den offiziellen «Antrag» enthielt, ob ich ihre Lebensgeschichte veröffentlichen dürfe, prompt und äußerst schwungvoll: «Mädchen, Mädchen, was soll noch alles aus mir werden. Ja, gewiss, du kannst über mich verfügen, wie du es für gut heißt. Ich bin einverstanden.» Das Blutbad in Vilnius, Januar 1991, stellte alles wieder in Frage. Als ich sie im Frühsommer besuchte, sprachen wir fast nur über Politik. Nach dem Augustputsch in Moskau, der scheitert, wurde noch im selben Jahr endlich der Weg für Litauen und das ganze Baltikum frei – und auch für Lena und mich.

Jetzt also! Im April 1992 reiste ich nach Bitėnai, Tonband und Notizheft im Gepäck. Gleich nach der stürmischen Begrüßung drückte Lena mir einen Spaten in die Hand. Ich kam ihr gerade recht, sie hatte vom Staat drei Hektar Land zurückbekommen, ein Abschlag auf den elterlichen Besitz von insgesamt 26 Hektar, welche ihr zustanden, und sie hatte sich in den Kopf gesetzt, mit ihren bald 82 Jahren noch einmal eine richtige Bäuerin zu sein. Ich erwies mich als anstellig, und dass ich ebenso viel Vergnügen an der Landarbeit hatte wie sie, machte uns zu einem guten Gespann. Zum Pflügen und Eggen liehen wir uns ein Pferd, der Rest musste mit der Hand getan werden. Das Frühjahr war warm, wir standen barfuß in den Furchen. Jede Reihe, die wir schafften, kommentierten wir mit Freudengeheul. Das Saatgut hatte gereicht! Kartoffeln und Runkeln, Beten, Mohrrüben, Luzerne, Gerste, nichts fehlte! Für den Mohn haben wir sogar ein verstecktes Plätzchen gefunden! «Ullachen», rief Lena, «wer wird das Unkraut weden? Bis Martini werde ich dich halten hier.»

Zwischendurch führte ich mit ihr Gespräche über ihr Leben – auf dem Acker oder wenn sie «die Rose» molk, am Brunnen. Wir unternahmen Spaziergänge durchs Dorf, viele Male gingen wir an der Memel entlang, auf den Rombinus hoch. Wir machten Ausflüge nach Schmalleningken und nach Tilsit, man konnte die Luisenbrücke, die Grenze zwischen der Republik Litauen und der russischen Exklave Kaliningrad, noch ungehindert passieren. Natürlich konnte ich nicht alles aufzeichnen, das Tonband war oft hinderlich. Manchmal war «Ded» bei unseren Gesprächen anwesend, der aus der Welt gefallene Trinker, irgendwie gehörte er für sie und auch für mich dazu. Sonntags kam Birutė aus Klaipėda, Irena lernte ich nur kurz kennen.

In nur drei Wochen entstand das Rohmaterial des Buches: eine weitschweifende, springlebendige mündliche Erzählung, aus der ich später meinen Text formen würde. «Ullachen», ich höre immer noch ihre Stimme, «Ullachen, iß noch von dem Spirgel.» Zum Kochen war kaum Zeit, wir aßen meistens kalt. Dazu schwarzen Tee, das Zubereiten war mein Ämtchen, sie mochte, was ich aus den billigen indischen Krümeln herausholte. «Tee, wie nur du ihn zu brühen verstehst», sagte sie jedes Mal anerkennend und mimte für einen Augenblick die *grande dame*, indem sie geziert ihren kleinen Finger vom Henkel der Blechtasse abspreizte. Dieser Satz, die Geste, Lieder vom «Schwarzwäldertal», der Sternenhimmel, Bella, die zottelige alte Hündin ... nie werde ich die Atmosphäre dieses schöpferischen Frühlings vergessen. Immer wieder habe ich Fotos von Lena gemacht, sie mochte es nicht, verzieh mir aber sofort, wenn ich es trotzdem tat. War zwischen uns Freundschaft? Für manches zwischen Himmel und Erde gibt es keinen Namen.

Festhalten und Abschied nehmen

Rückblickend betrachtet, waren die höheren Mächte unserem Vorhaben außerordentlich gewogen. Es war Litauens erster Frühling in Freiheit, Wind unter Lenas achtzigjährigen

Flügeln. Und es war, wie sich herausstellte, der letzte Frühling, in dem sie noch bei Kräften war. Schon im Herbst 1992 wurde sie ernstlich krank. Es ging bergab mit ihr, unerwartet plötzlich zeigte sich das Ende: «Rose ist nicht mehr», schrieb sie mir im Oktober, «Bella ist nicht mehr. Ded kommt morgen ins Altersheim. Das Haus und der Hof leer. Wie ich den Winter verbringen soll so alleine, weiß ich nicht. Mir wird angst und bange.» Ihre Traurigkeit hat mich nicht wirklich erreicht. Damals war ich sehr beschäftigt: berauscht von all dem Neuen im Osten und deswegen ständig unterwegs.

Wenn ich zwischen meinen Reisen Zeit fand, las ich mein Bittehner Tagebuch und die inzwischen abgetippten Interviews mit Lena durch. Das wörtliche Transkript, 1500 Seiten, schien mir vom Erzählten himmelweit entfernt. Wie sollte ich bloß die Eigenheiten ihres Sprechens – Temperament und Satzmelodie, den Klang des Dialekts, ihr Lachen, ihr Weinen, ihr genüssliches Schmatzen zwischen den Worten, wenn sie beim Essen redete – in die schriftliche Form einbringen? Ich fing an, ihre Sprache zu studieren, ihren merkwürdigen Satzbau, wie sie zum Beispiel den Konjunktiv verwendete, den reichen Wortschatz. Was mag, fragte ich mich, ihr ganz besonderes Deutsch beeinflusst haben? Die mündlichen Traditionen des Dorfes, Schulbücher aus der Kaiserzeit, Romane, die sie las und die nach dem Zweiten Weltkrieg, als das Deutsche keinen Alltag mehr hatte, immer wichtiger wurden, das Österreichische, das per Rundfunk in die Einöde drang, Wendungen aus dem Litauischen, dem Russischen. «Lenesisch» nannte ich es, und nachdem ich mich einigermaßen darin auskannte, konnte ich mich an die Gliederung des Materials machen.

Dabei wurde mir klar, dass ich mich nicht an Lenas Erzählreihenfolgen klammern durfte, sondern für Struktur und Verständlichkeit zu sorgen hatte, damit der Leser folgen kann. Das hieß, sich frei schwimmen, ich musste mich aus der Erfahrung unserer Zweisamkeit lösen, und von solcher Souveränität war ich weit entfernt.

Ab und zu bat ich Lena Grigoleit brieflich um Klärung einiger Lücken. Wen hat denn «dein Fritz» geheiratet? Was ist aus Gerhard Fabian geworden? Fragen nach Daten, litauischen Schreibweisen, die übliche Routine dokumentarischen Arbeitens. Ob sie Johannes Bobrowski mag. Wie ich schon vermutete, sagte ihr dieser Dichter nicht besonders zu, dafür umso mehr Hermann Sudermann, unsere literarischen Vorlieben waren herzlich konträr.

Wir schrieben einander regelmäßig, und meistens war sie es, die drängte. «Schreib mir doch. Mädchen, mein Mädchen, wie lieb ich Dich.» Beim Wiederlesen ihrer Briefe bin ich gerührt, geradezu bestürzt von ihrer Zuneigung. Sätze von großer Direktheit, auf grauem, aus Heften herausgerissenem Papier. Sie hatte immer Wünsche und äußerte diese. «Deutschland im Rücken zu haben», wie sie sich ausdrückte, erschien ihr ganz selbstverständlich, hatte sie es doch so viele Jahrzehnte entbehrt. Speiseöl, Tabletten, Fischkonserven und Rattengift wollte sie haben, und einen Zerstäuber für Blumenwasser. Mousoncreme, das hatte nostalgische Gründe, die kannte sie noch aus «dem Reich», ebenso Klosterfrau Melissengeist. Kein Wunschzettel ohne Blaumohn, «Mohnstriezel ist meine Schwäche». Einmal legte ich ein Buch über Paris bei und fragte vorsichtig an, ob sie mit mir auf den Champs Élysées flanieren würde. «Liebste Ulla! Mein Rübezahl! Meine gute Fee!», antwortete sie, «ich bin schon ganz verbuckelt, wie soll das gehen?» Und drei Absätze weiter: «Ich bin zu nichts mehr nütze. Sollte auf die Milchsuppe aufpassen, nun ist alles übergelaufen.»

Während ich dabei war, ihr Leben schriftlich festzuhalten, nahm sie Abschied von der Welt, auch von mir. In ihren

Briefen klagte sie über Schmerzen, «die liebe Gesundheit» sei dahin, sie müsse, das Allerschrecklichste für einen Menschen vom Lande, wieder ins Krankenhaus. Gelegentlich brach ihre alte Neugier durch, zum Beispiel fragte sie mich: «Ullachen, wie könnt ihr bloß ohne Störche leben?» – «Du irrst Dich, Lena», antwortete ich. «Stell Dir vor, von meinem Schreibtisch im fünften Stock kann ich bei schönem, leicht windigen Wetter ein paar Dutzend Störche sehen, wie sie um den Mannheimer Fernsehturm kreisen.» Das wollte sie partout nicht glauben – Störche mitten in der Stadt, die Spaziergänger um Brot und Würstchen anbetteln? – und forderte Fotos von unserem Luisenpark an.

Lenas Briefe dokumentieren auch das Bemühen der Familie, den Hof in Ordnung zu halten. Es muss eine unglaubliche Anstrengung gewesen sein – Birutė kam von Klaipėda, sie sprang nach der Nachtschicht im Hafen auf den Überlandbus, löste Irena ab, die pünktlich zu Schulbeginn in Smalininkai sein musste, dann wieder hielt Tausendsassa Alfredo die Festung, die Enkelsöhne, ständig in Geschäften unterwegs, Gebrauchtwagen von Deutschland nach Litauen zu bringen, ließen hin und wieder eine Tour aus, um Bittehnen zu hüten. Lena allein «zwang» es längst nicht mehr oder war gar nicht dort, ab Herbst 1994 lebte sie bei Birutė und Alfredo, in deren Zweizimmerwohnung in Klaipėda. Doch sie wollte unbedingt nach Hause, sie sehnte sich nach den «Wegen und Stegen», spätestens zur Fliederblüte wollte sie in Bittehnen sein oder am besten: jetzt gleich. «Erinnerst Du noch an den Wind im Mai vor zwei Jahren?» Natürlich erinnerte ich mich, und ich wollte sie unbedingt wiedersehen. Im Januar 1995 reiste ich zusammen mit meinem Mann Winfried zu ihr.

In Litauen war strenger Frost, die Landstraße von Vilnius nach Klaipėda höllisch glatt, fast wären wir nicht angekommen. Fünf Tage saß ich am Fußende des schmalen Sofabettes. Lena war schwach, sie aß wie ein Vögelchen, nicht mal frische Stinte schmeckten ihr, Birutė und Winfried waren eigens dafür zum Markt geschlittert. «Das Buch wird in einigen Monaten erscheinen», verkündete ich ihr. «Ich warte», versprach sie. Ansonsten redeten wir nicht sonderlich viel. An einem Nachmittag hellte sich ihre Stimmung ein wenig auf, und sie bat mich: «Kannst du mir nicht die Nägel schneiden, Ullachen? Ich möchte sie schön spitz wie die Leute in der Stadt.» Ich brauchte eine gute Stunde für die Prozedur. Ihr Körper war zart geworden, doch ihre Hände waren wie Pranken, groß und schwielig, die Gelenke knotig von der Arthrose. Jeden ihrer Finger musste ich einzeln umfassen, den rissigen, derben Nagel knipsen, feilen, polieren. Der Liebesdienst, den ich ihr tun durfte, erfüllte mich mit sportlichem Eifer und Rührung, und sie fand das «spitzige» Ergebnis gelungen. Ihr Anfall von Eitelkeit ließ mich auf ein Wiedersehen hoffen.

Ende April fand ich einen kaum leserlichen Ostergruß von ihr in der Post, am selben Tag auf dem Anrufbeantworter die Nachricht von ihrem Tod am 22. des Monats. Dann hörte ich lange Zeit nichts mehr aus Litauen. In meinem Beileidsschreiben hatte ich die Bitte geäußert, sie möchten mir mitteilen, wie Lena gestorben ist. «Der Brief, den Du verlangst, kommt später», vertröstete mich Irena im Oktober. «Über Muttis letzte Stunde nächstes Mal», kündigte Birutė im November an. Mittlerweile war das Buch erschienen, ich hatte es in mehreren Exemplaren an die Familie geschickt. Wie würden Lenas Nachkommen es aufnehmen? Die Antwort kam schnell, sie war für mich wie eine Erlösung. «Das ist unsere Mutter!», schrieb Birutė. «Es ist, wie wenn sie es selbst geschrieben hätte.» Natürlich war ich mehr als glücklich darüber. Auch Irena meldete sich, kurz nach Neujahr 1996: «Ach, Ulla, wie gut, dass Dein Lebensweg auch über Bittehnen geht», und sie beantwortete endlich meine Frage.

Nach Ostern sei es der Mutter etwas besser gegangen, doch sie und Birutė hätten eine Unruhe verspürt. Sie, Irena, habe in Schmalleningken die Erdbeerbeete stehen- und liegengelassen, Birutė sei doch nicht nach Bittehnen gefahren, um nach den Bienen zu sehen. So seien sie beide zugegen gewesen an jenem 22. April, als gegen die Anfälle von Atemnot nichts mehr half und der Arzt, der die Morphiumspritze gab, mitteilte, sie werde jetzt einschlafen und nicht mehr erwachen. Wie oft bei Sterbenden irrte der Vertreter der Medizin. Ich zitiere aus Irenas Brief: «Plötzlich sagte Mutti: ‹Jetzt sind meine Mädels bei mir, jetzt kann ich sterben.› Die Stunden vergingen, Mutti war ruhiger als in der Nacht, aber schlafen tat sie nicht. Ihr letzter Wunsch war immer, dass sie nicht alleine wäre in der letzten Stunde, man musste also alles so planen. Wir sprachen beinahe nicht. Am Mittag bat sie um eine Suppe, die schmeckte ihr. So gegen fünf Uhr nachmittags wollte Mutti noch was sagen, aber wir konnten es nicht mehr verstehen. Sie saß im Bett, mit Kissen unterstützt – und ganz still, ohne Schmerzen, ging sie von uns fort. Um zwanzig Minuten nach fünf standen wir schon an der Leiche. Birutė fragte nur: ‹Ist das schon alles? Ist das wahr?›»

Das Totenkleid lag bereit, erfuhr ich weiter aus Irenas Brief: eine weiße Bluse, ein schwarzer Rock, die glänzende weiße Steppdecke, die die Mutter zu diesem Anlass selbst ausgesucht hatte. Um halb zehn Uhr abends waren Birutė und Irena mit dem Sarg unterwegs nach Bittehnen. Der schlaftrunkene Alfredo öffnete die Tür. «Aber ich habe doch den Ofen nicht geheizt», entschuldigte er sich. «Die Mutter wird frieren.» Zwei Stunden später war das Wohnzimmer hergerichtet, die Tote aufgebahrt.

An den folgenden Tagen ging alles, so weit eben möglich, traditionsgemäß vor sich. Die Familienmitglieder hielten abwechselnd Totenwache, Freunde und Bekannte aus der

Umgebung fanden sich ein, sogar aus Kaunas und Vilnius. Ein Chor aus Jurbarkas sang litauische Kirchenlieder. Etwa hundert Menschen machten sich am Morgen des 25. April auf den langen Weg – den Rombinus hinauf. Dem Wunsch der Verstorbenen entsprechend, hatte man nicht, wie es Sitte war, die Trinker des Ortes als Sargträger bestellt. Diese durften lediglich die Grube ausheben, den Sarg schleppten die Enkel und zwei Freunde. Der Tag war ungewöhnlich heiß, die Kerzen schmolzen in der Sonne. Unterdessen zog ein Gewitter auf, drängte die Trauernden zur Eile. Am Abend, als die Angehörigen noch einmal den Friedhof besuchten, fiel ihnen plötzlich ein, wie der Sarg sich selbstständig gemacht hatte und beinahe vorzeitig vom Sandhügel gerutscht wäre. Einer sprach es aus, und alle mussten lachen: «Das sieht ihr ähnlich, am Ende noch etwas Apartes zu veranstalten.»

Lena Grigoleit hat den Tod gehabt, den sie sich wünschte. Seit ich das wusste, war mir leichter ums Herz. Ihre Lebensgeschichte stand inzwischen auf den Bestsellerlisten, und sie trug dazu bei, dass «Preußisch Litauen», die vergessene Region an der Memel, wieder ins Bewusstsein trat.

Obwohl heute mehr darüber bekannt ist, habe ich in dieses aktualisierte Nachwort die beiden historischen Kapitel des alten eingefügt. Im Folgenden werden die Kontexte von Lena Grigoleits Leben noch einmal ausgebreitet, kundige Leserinnen und Leser werden sie einfach überspringen.

Eine letzte Stimme aus Preußisch Litauen

«Preußisch Litauen» nannte man seit dem 17. Jahrhundert Preußens nordöstlichste Region. Es war das Land um die Memel herum, das überwiegend von Litauern besiedelt war. Geografisch exakt zu bestimmen war es nur im Nordosten, wo die Linie, die 1422 im Frieden vom Melnosee zwischen dem Deutschen Orden und den polnisch-litauischen Großfürsten festgelegt worden war, eine politische und kulturelle Grenze markierte. Nach Südwesten hin reichte das Gebiet etwa bis zur Deime. In diesen Abmessungen ungefähr wurde es 1714 zum Verwaltungsbezirk. Die «Litauische Amtskammer» hatte ihren Sitz in Tilsit an der Memel. Ihre Einrichtung war Teil des sogenannten «großen Retablissements»: Eine Pest hatte zu Anfang des 18. Jahrhunderts große Teile des Landes entvölkert, und Friedrich Wilhelm I. beschloss, es systematisch wiederzubesiedeln. Der König nahm Salzburger Glaubensflüchtlinge auf, rief Mennoniten aus Holland und der Schweiz herbei, warb um Kolonisten im südlichen und westlichen Deutschland. Die zahlenmäßig größte Gruppe waren jedoch die Litauer. Sie hatten den kürzesten Weg und kamen, wie schon in früheren Jahrhunderten, meist ohne ausdrückliche Einladung. In den Jahren des «Retablissements» entstand jene Bevölkerungsmischung, die Preußens Osten prägte.

Allen seinen Bewohnern versprach der Staat religiöse Toleranz. Den litauischen Bauern gewährte er dazu das Privileg, ihre Sprache und Kultur zu erhalten. Gemäß Luthers Regel und Preußens Gesetzen mussten die Pfarrer das Wort Gottes in der jeweiligen Muttersprache verkünden. Kirchen und Schulen waren bei Bedarf zweisprachig, deutsch und litauisch, auf dem Amt und vor Gericht wurden Dolmetscher eingesetzt.

Im Gegensatz zu den anderen Neuankömmlingen, die sich mehr oder weniger rasch assimilierten, blieb unter den litauischen der Zusammenhalt lange bestehen. Nicht nur weil sie zahlreicher waren, sondern auch, weil sie eine homogene Gruppe bildeten. Sie waren und blieben Bauern und hielten zäh am Althergebrachten fest, besonders nördlich der Memel konnten sie ihre Position lange behaupten.

Im Laufe des 19. Jahrhunderts und forciert nach der Reichsgründung begann der Staat, Druck auszuüben auf seine fremdsprachigen Bürger. Eine «Germanisierungspolitik» setzte ein, über die Schulen vor allem bahnte sie sich ihren Weg. Letztendlich aber hätte es des erzwungenen Deutschunterrichts gar nicht bedurft. Der Sog der Industrialisierung, die moderne Arbeits- und Warenwelt, brachten ohnehin den bäuerlichen Kosmos so dramatisch durcheinander, dass die Litauer ohne das Deutsche nicht mehr auskommen konnten. Was konnte man schon mit einer Sprache anfangen, die zwei Wegestunden weiter kein Mensch mehr verstand?

Die Betroffenen fügten sich ins Unvermeidliche. Im Gegensatz zur hochexplosiven «polnischen Frage» gab es im äußersten Nordosten des Reiches wenig nationalpolitischen Zündstoff. Preußisch Litauen war ethnisch gesehen ein Land zwischen den Völkern, aber niemals schwankend in seiner Loyalität zur preußischen Monarchie und zum deutschen Staat. 1910 zählten die Statistiker noch knapp 100 000 Bürger litauischer Zunge.

An diesem Punkt setzt Lena Grigoleits Lebensgeschichte ein. Sie ist im Jahr der letzten preußischen Sprachzählung geboren. Ihr Vater hat seinerzeit vermutlich das Litauische als Haussprache angekreuzt. In Bittehnen tat dies nur eine Minderheit, schätzungsweise ein Viertel der 600 Bewohner. Typischerweise gehörte die Familie Grigoleit der Schicht an, in der sich das Litauische am längsten hielt, unter den selbstbewussten Mittelbauern war der Stolz auf die eigene Tradition noch am weitesten verbreitet.

Wie Lena berichtet, sprachen alle Familienmitglieder auch deutsch. Zweisprachigkeit war schon seit mindestens zwei Generationen die Regel. Aber die Akzente waren in den Generationen verschieden. Die Großeltern hingen noch mit Leib und Seele am Litauischen, untereinander und mit ihrem Gott sprachen sie nur litauisch. Die Eltern teilten bewusst die Sprachen verschiedenen Sphären zu, das Litauische war mehr im Inneren des Hauses und auf der Arbeit üblich, das Deutsche herrschte mehr draußen im Verkehr mit den Ämtern und mit den Nachbarn. Es war die Sprache der Bildung, die um der Kinder willen gepflegt wurde. Für Lena selbst waren die Sprachen ihrer Kindheit absolut gleichwertig, sie bewegte sich frei zwischen ihnen. In ihrer Generation erreichte die Zweisprachigkeit als Lebensform ihren glücklichen Höhepunkt, weitgehend unbelastet von vergangenen Bindungen wie von den nationalen Zuweisungen, die da kommen sollten.

Damals, in Lena Grigoleits Kindheit, sah es so aus, als würde sich das preußische Litauen friedlich und ohne viel Aufheben aus der Geschichte verabschieden. Sein Ende war absehbar, der Erste Weltkrieg beschleunigte es noch. Der «Russeneinfall» 1914 und der Sieg Hindenburgs bei Tannenberg stärkten in der Grenzregion das Bewusstsein der Verbundenheit mit dem Reich. Doch etwas Unerwartetes geschah: Der Vertrag von Versailles strudelte die Region in einen Konflikt, das letzte Kapitel von Preußisch Litauen wurde zum politischen Drama. Mit der Begründung, es sei seinem Ursprung nach überwiegend litauisch, trennten die Alliierten das Land jenseits der Memel von Deutschland ab. Seine 140 000 Bewohner wurden nicht gefragt. Der Beschluss ignorierte ihren Willen und ihre jahrhundertealten Bindungen nach Westen. Mit den Litauern jenseits der Grenze, die sich damals aus dem Zarenreich lösten und einen Nationalstaat gründeten, hatten die preußischen Litauer nur wenig zu tun. Diese waren protestantisch, treudeutsch und wirtschaftlich sehr viel besser situiert als die Litauer drüben. Jahrhundertelang war man getrennte Wege gegangen, die von den Siegermächten konstatierte ethnische Gemeinschaft war illusionär. Zunächst wurde das «Memelgebiet» alliiertes Kondominium, eine Art Freistaat unter französischem Mandat, 1923 wurde es vom jungen litauischen Nationalstaat annektiert. Die alliierten Mächte nahmen den Gewaltakt als *fait accompli*, verlangten allerdings einen Minderheitenschutz für die Bewohner.

Diese unseligen, in Paris getroffenen Entscheidungen stellten die Weichen für Lenas Jugendzeit. Ihr ehrgeiziges Streben, eine gute, möglicherweise sogar akademische Ausbildung zu erlangen, wurde jäh unterbrochen durch die neue Grenze an der Memel. Diese Grenze trennte zudem die Bauern von ihren traditionellen Absatzgebieten. Angesichts der schwierigen wirtschaftlichen Lage war es naheliegend, die Tochter als Arbeitskraft auf dem Hof zu halten.

Von einem «Volkstumskampf» zwischen Deutschen und Litauern, wie er die Stadt Memel in Atem hielt, war auf dem Lande zwar wenig zu spüren. Zwischen 1926 und 1938 herrschte Kriegsrecht in Litauen. Doch es wäre übertrieben zu sagen, die Bittehner hätten die Großlitauer als Besatzer empfunden. Selbst diejenigen, die bewusst deutsch dachten, lebten in den zwanziger Jahren ohne besondere Anspannung ihr gewohntes Leben fort. Von einem Zwist zwischen den Bewohnern war damals noch wenig zu spüren – selbst im Sommer, wenn Bittehnen zum Schauplatz politischer Manifestationen wurde. Der benachbarte Rombinus zog an Johanni hohe Gäste aus ganz Litauen an und Litauerfreunde aus Deutschland. Im Vordergrund der Feste stand die Folklore, aber es schwang die Hoffnung mit, die Johannisfeuer könnten auf das deutsche Memelufer ausstrahlen. Immerhin gab es in Tilsit noch drei kleine litauische Zeitungen und einen litauischen Club. Der berühmteste der preußischen Litauer, ein Dr. Wilhelm Storost-Vydunas, seines Zeichens Dichter und Mittelschullehrer, rührte noch immer die Trommel.

Auch in Bittehnen wohnte so ein Träumer, Martin Jankus, Besitzer einer kleinen Druckerei. Die dort gedruckten Schriften riefen die Landsleute auf, sich auf die alten litauischen Werte zu besinnen. Das Unternehmen stand immer am Rande des Ruins, seine Botschaft blieb ohne Echo. Trotzdem war Jankus eine der angesehensten Persönlichkeiten des Dorfes. Die Familie Grigoleit war mit Jankus befreundet, Lena ging mit einer seiner Töchter zur Schule. Diese Beziehung wurde bedeutsam für Lenas Entscheidung, Konstantin Kondratavičius zu heiraten. In diesem Kreise lernte sie ihn 1934 kennen und traf ihre ungewöhnliche Wahl. Martin Jankus beschirmte sie – als Trauzeuge. Die Liebesgeschichte war überschattet und beeinflusst von der politischen Lage. Mit Hitlers Machtübernahme wurden die Bewohner auf der litauischen Seite des Stroms zur Parteinahme herausgefordert. «Deutsch oder litauisch?» Zum ersten Mal in der Geschichte schob sich die Frage nach dem nationalen Bekenntnis vor die Gemeinsamkeit der regionalen Identität.

Die künftigen Zerreißproben bahnten sich schon in den dreißiger Jahren an. In Schmalleningken, wo Konstantin Kondratavičius Zollbeamter war, erlebten die Eheleute die Eskalation der Konflikte um das Memelgebiet. Der Grenzort war exponiert durch seine Lage, wie von einem Balkon überblickte man hier die Ländergrenzen, und als Hitler im März 1939 das Gebiet «heim ins Reich» holte, saß die junge Familie gewissermaßen im Auge des Sturms. Die Linie, die Hitler und Stalin im August desselben Jahres durch Europa zogen, verlief praktisch direkt vor ihrer Haustür. Der Zollbeamte und die Kurzwarenhändlerin sahen und hörten, wie die Rote Armee, die im Sommer 1940 das nahe Litauen besetzte, Posten bezog am Flüsschen Sventoje. Durch die Straßen von Schmalleningken strömten die litauischen Flüchtlinge, rollte der Treck der Litauendeutschen, die von Hitler ins Reich gezwungen wurden. Ostern 1941 bezogen hier die ersten Einheiten der Wehrmacht Stellung, den Überfall auf die Sowjetunion vorzubereiten. Und als diese in der Juninacht die Grenze überschritten, pfiffen die Kugeln und Granaten über Kondratavičius' Haus. Kurz darauf konnten die Bewohner von Schmalleningken die Schreie der Juden hören. In den Städtchen und Dörfern entlang der memelländischen Grenze, zwischen Palanga und Jurbarkas, wurden mehr als 50 000 Juden ermordet.

Diese Weltereignisse veränderten die Region, das Lebensgefühl und Selbstbewusstsein ihrer Bewohner. Jeder hier wusste von den großen Verbrechen, und dieses Wissen ließ die regionalen Probleme verblassen. Angesichts der ungeheuerlichen Dimension des Geschehenen erschien das Bemühen, der ohnehin absterbenden Besonderheit des Memellandes noch Aufmerksamkeit zu widmen, völlig absurd. Will man den Untergang Preußisch Litauens datieren: der letztmögliche und endgültige Zeitpunkt ist der Sommer 1941. In diesem Sommer rutschte den Bewohnern der Boden unter den Füßen weg. Überleben war seitdem die Parole – die nackte Existenz retten, wie auch immer. Während im westlichen Deutschland die Mehrheit noch begeistert «Sieg heil!» schrie, richtete man sich hier frühzeitig auf ein schreckliches Ende ein.

Offener Widerstand war selten. Wenn es ihn gab, verband er sich meistens mit der litauischen Sache, mit dem Befreiungskampf des besetzten Nachbarlandes. Er führte die noch übriggebliebenen preußischen Litauer, sofern sie Nazi-Gegner waren, an die Seite der Großlitauer. Die Mischehe von Lena Grigoleit und Konstantin Kondratavičius erhielt in den Kriegsjahren gewissermaßen eine zeitgeschichtliche Grundierung. Ihr gemeinsames Engagement war eine gewisse Vorentscheidung für das Kommende: Sie blieb bei ihm in Litauen, er ging nicht mit ihr.

Nachspiel – unter sowjetischer Herrschaft

Lena Grigoleits Geschichte geht über das Ende Preußisch Litauens hinaus. Sie ist Teil eines nahezu unbekannten historischen Nachspiels.

Über die Flucht der Bewohner nach Westen 1944/45 sind wir noch relativ gut informiert. Im Dunkel liegt nach wie vor die Rückwanderung nach Osten. Es waren nicht Einzelne, es waren nicht wenige. Lenas Familie befand sich damals noch unter mehreren hunderttausend Menschen. Was uns heute als völlig wahnsinnig erscheint, war seinerzeit, nach Kenntnis der Lage, durchaus vernünftig. Wer konnte wissen, was die Alliierten verhandelten und auf ihren Konferenzen in Teheran, Jalta und Potsdam festlegten? Dass Deutschland seine Provinzen im Osten verlieren könnte, Millionen Menschen auf immer ihre Heimat verlassen müssten, schließlich ein Eiserner Vorhang durch Europa gehen würde, das war für die meisten undenkbar. Die konkrete Situation bestimmte die nächsten Schritte: Die Trecks wurden von der Front überrollt, die Routen nach Westen waren verstopft. Was lag für die Überlebenden näher, als sich heimwärts zu wenden? An dem vertrauten Ort konnte es nur besser sein als auf der Landstraße oder im Flüchtlingslager. Die «Russennot» würde vorübergehen wie im Ersten Weltkrieg. Das Frühjahr nahte, die Feldarbeit musste getan werden.

Lena Grigoleit beschreibt Motive und Gedanken, die viele

Ostpreußen damals bewegten. Die jenseits der Memel beheimatet waren, nutzten für den Rückweg oft die einstmals aufgezwungene litauische Staatsangehörigkeit als eine Art *laissez-passer*. Sie gewährte Schutz gegenüber den Übergriffen der Roten Armee. Die Sowjets selbst gaben beim Durchzug durch Ostpreußen, wo immer sie Zivilisten begegneten, zu verstehen, dass sie die Bewohner der nördlichen Stromseite als Litauer ansahen. Im Laufe des Jahres 1945 fanden sich gut 30 000 Bewohner des «Memelgebiets» wieder zu Hause ein. Lena und ihre Familie gehörten zu den Ersten. Ihren Beobachtungen zufolge war die Zahl der Rückkehrer beträchtlich und fluktuierte stark. Erst mit der Abriegelung der Grenze zwischen dem sowjetischen und dem polnischen Ostpreußen im September 1945 war dem Hin und Her ein Ende gesetzt, danach war in westlicher Richtung kein Durchkommen mehr möglich.

In der Regel waren die Rückkehrer Bauern. Die wenigsten allerdings durften ihre eigenen Höfe wieder in Besitz nehmen. Zwar betrachteten die sowjetische Militäradministration und die litauischen Behörden sie als Einheimische, als wohnberechtigt, arbeitspflichtig, aber sie galten der Kollaboration mit den Nazis verdächtig. Blutige Racheakte wie in Polen oder der Tschechoslowakei, wo die verbliebenen Deutschen Freiwild waren, gab es nur selten. Die Rückkehrer lebten nicht viel unsicherer als die neu zusiedelnden Litauer. Sie alle litten unter den Plünderungen der herumziehenden «Grünen» (so nannte man die kriminellen Banden, die hinter der Front ihr Unwesen trieben) und den nächtlichen Besuchen der «stribai» und der «Waldbrüder». Noch jahrelang währte der Krieg zwischen der Sowjetmacht und den Partisanen.

Durch den Beschluss des Präsidiums des Obersten Sowjets der UdSSR vom 16. Dezember 1947 erhielten die Bürger des Memelgebiets, die bis zum 22. März 1939 Staatsbürger Litauens waren, einen sowjetischen Pass. Wenn sie auch in der Praxis lange Zeit noch als Bürger zweiter Klasse behandelt wurden, offiziell zumindest waren sie gleichberechtigt. Verglichen mit ihren Landsleuten, die nach dem Krieg südlich der Memel lebten, im Königsberger Gebiet, ging es ihnen gut. Die Menschen im russisch besetzten Ostpreußen waren völlig rechtlos, waren der Willkür des Militärs ausgeliefert. Dort herrschten Hunger, Seuchen und Verzweiflung. Von den schätzungsweise 150 000 Zivilisten, die sich bei Kriegsende im Königsberger Gebiet (im Sommer 1946 in «Kaliningradskaja Oblast» umbenannt) aufhielten, sind mehr als ein Drittel zugrundegegangen. Viele, die überlebten, verdanken dies den besser situierten Bewohnern auf der litauischen Stromseite.

Zehntausende von hungernden Deutschen, heimatlose Kinder vor allem und alleinstehende Frauen, zogen ins rettende Litauen zum Betteln oder um ihre Arbeitskraft anzubieten gegen Brot. Für Lena Grigoleit war es selbstverständlich zu helfen, aber auch viele der neuen Siedler zeigten sich hilfsbereit. Einmal noch bewährte sich eine historische Nachbarschaft, bis 1947/48 – dann wurden die Deutschen aus dem Kaliningrader Gebiet abtransportiert nach Deutschland.

Die zu Sowjetbürgern ernannten Memelländer auf litauischer Seite blieben, zum größeren Teil vermutlich wider Willen. Hätten sie Gelegenheit dazu gehabt, wären auch sie mehrheitlich ausgereist. Zehn Jahre noch mussten sie warten, bis Adenauer und Chruschtschow eine Übereinkunft trafen, sie freizulassen. Wie viele zwischenzeitlich nach Sibirien verschleppt wurden, wie viele von dort nicht zurückkehrten, ist nicht bekannt. Unter den Litauern insgesamt war jeder sechste betroffen. 450 000 Litauer etwa, sagen die neueren Statistiken, wurden deportiert. Ob überdurchschnittlich viele Memelländer unter ihnen waren, konnte bisher nicht ermittelt werden.

In den ersten Jahren nach dem Krieg waren sie mancherorts noch als Gruppe zu finden. In den Moorkolonien zum Beispiel und in einigen Fischerdörfern am Kurischen Haff waren sie anfangs sogar unter sich. Städtchen wie Heydekrug, Prökuls oder Pogegen versammelten einige hundert oder sogar tausend Alteinwohner. Situationen wie in Bittehnen, wo nur wenige Versprengte sich trafen, waren eher selten. Es gab noch ein Netz von alten Loyalitäten, von verbindenden Alltäglichkeiten – und in der Kirche einen Ort, der einen Zusammenhalt stiftete, den man vielleicht als Gemeinschaft bezeichnen konnte.

Ende der fünfziger Jahre löste sich die kleine Restgesellschaft auf. Wer sich nicht «repatriieren» ließ wie Lena Grigoleit oder aus irgendwelchen undurchschaubaren Gründen nicht fortgelassen wurde, war künftig allein. Die Älteren vereinsamten, die jüngere Generation passte sich an, war von den litauischen Altersgenossen bald kaum unterscheidbar. Es mögen noch einige Tausend gewesen sein, man hat sie nicht gezählt. Ab und zu machten sich in den folgenden Jahrzehnten Forscher von der Universität Vilnius auf die Suche nach ihnen. Diese Volks- und Sprachkundler schwärmten aus in ganz Litauen, das nationale Erbe zu sichern. Auch die preußischen Litauer gehörten in ihren Augen dazu, und sie protokollierten, was noch an Eigenheiten zu finden war.

Erst Gorbatschows «Perestroika» ließ diese Gruppe wieder selbst zu Wort kommen. Einige hundert waren es Mitte der achtziger Jahre noch. Eine Zukunft als Minderheit in Litauen hatte diese Gruppe nicht, sie war zu klein an Zahl, ihr Verschwinden würde eine Frage von wenigen Jahren sein. Die wirklich noch etwas vom Leben in Preußisch Litauen erzählen konnten, waren achtzig Jahre und älter. Wer noch bei

Kräften war, verfolgte mit Sympathie Litauens Weg in die Freiheit – wie Lena Grigoleit. Ihr Patriotismus stellte keine Ausnahme dar. Das ist nicht ganz leicht nachzuvollziehen für ihre Landsleute im Westen, die sich selbstverständlich als Deutsche fühlen. Ursprünglich war Lena eine Deutsche, nicht nur Taufschein und Pass wiesen sie als solche aus, sie bekannte sich auch dazu. Ihre regionale Bindung, das «Preußisch Litauische», widersprach dem nicht. Der Wechsel ihrer nationalen Identität war ein langer, langer Prozess. Erst sehr spät, um ihren achtzigsten Geburtstag herum, war ihr Standpunkt wirklich klar – mit Litauens Unabhängigkeit. «Ich bin Litauerin», wurde ihr damals bewusst. Ihre Reise nach Deutschland, 1989, räumte die letzten Unsicherheiten aus: Mit dem Land, in dem die anderen Bittehner leben, würde sie nicht mehr warm werden.

Echo im Westen

Manchmal habe ich mir ausgemalt, wie begeistert Lena Grigoleit über den Erfolg ihrer Lebensgeschichte gewesen wäre. «Nirgendwo geht es so bunt zu wie auf der Welt», hätte sie wahrscheinlich ausgerufen.

Warum lieben viele Deutsche sie? Das Titelbild des Buches zeigt eine alte Frau in Kittelschürze und Gummischuhen, sie führt eine Kuh am Strick, die beiden trotten über einen verschlammten, Löwenzahn geränderten Waldweg – so sieht keine Heldin aus, in der zweiten Hälfte der 1990er Jahre, zu Zeiten des Neuen Marktes, geradezu eine Antifigur. Wer sich auf die Lektüre einließ, war verblüfft: Da spricht eine feinfühlige, kluge, humorvolle Zeitgenossin, sie zitiert Goethe und Cervantes, sie strahlt, das schien zu ihrem Äußeren, zu ihrem Schicksal nicht zu passen.

Zunächst haben vor allem alte Ostpreußen Lena Grigoleit kennenlernen wollen. Aufgewühlt und verwirrt von den Reisen, die nach 1989 in einst militärisch abgeschirmte Zonen wie das Memelland möglich wurden, und durch die jüngsten Ereignisse in Jugoslawien wieder mit dem eigenen Trauma der Vertreibung konfrontiert, suchten sie nach Orientierung. Sie näherten sich der verlorenen Heimat wieder an, die sie nach 1945, wollten sie nicht verrückt werden vor Sehnsucht, verdrängen mussten und die später in der Fremde allmählich verblasst war, schließlich, in einer immer vergesslicher werdenden Zivilisation, kaum noch erzählbar. Jetzt war die Zeit gekommen, und viele fanden in dem Buch ihre Kindheit und Jugend wieder.

Vor allem Lenas Sprache hat viele angerührt. «Ich habe beim Lesen die Stimme meiner Tante Martha gehört!», schrieb ein Malermeister aus Berlin. «Die Starre, die ich fünfzig Jahre lang gegen das Heimweh aufgebaut habe, ist gebrochen.» Dieser Brief kam aus Bremen, von einer pensionierten Lehrerin. «Das Vakuum, das mich ängstigte, füllt sich mit Leben. Seit ich Lena Grigoleit gehört habe, sind Erinnerungen wieder zugelassen.» Erinnerungen an Insterburg, Tilsit, Gilge und Tawe, Trakehnen – oft haben mir Leser ihre Heimatorte, Menschen, Tragödien, die durch die Lektüre wieder zum Leben erweckt wurden, ausführlich beschrieben.

Auch von der Traurigkeit über das nicht mehr Erinnerte war die Rede, davon, wie wenig ihnen selbst geblieben ist, verglichen mit Lena Grigoleit, die das Vergangene, weil sie immer auf «denselben Wegen und Stegen» ging, in großer Frische im Gedächtnis behielt. «Ich habe euch die Heimat bewahrt», sagte Lena zu den aus Deutschland angereisten Landsleuten, die ihre Elternhäuser suchten und meist nur einen mit Brennnesseln überwachsenen Ziegelhaufen fanden, woraufhin sie die Gäste mit Geschichten tröstete. Sie konnte nicht ahnen, dass sie diesen Dienst auch vielen zehntausend Lesern erweisen würde.

Unter diesen waren übrigens auch Bittehner und deren Nachkommen. Binnen weniger Monate verbreitete sich die Nachricht, es gebe ein Buch, das in Bittehnen spielt, über die halbe Welt. «Letzte Dorfversammlung» nannte ich den Ordner, in dem ich die Briefe und Fotos sammelte, die sie mir zuschickten – ausreichend Stoff für ein Porträt des 600-Seelen-Dorfes vor 1945. Unter anderem habe ich die Spur der jüdischen Familie Fabian gefunden, eine Überlebende, Ilse Fabian, die Nichte von Lenas Freund Gerhard. Über diese dörflichen Neuigkeiten habe ich bereits früher berichtet (Nachtrag zu Lena Grigoleit, in: «Ostpreußische Lebensläufe», Rowohlt 1998), sie ergänzten auch mein Bild von Lena Grigoleit. Sie sei, darin waren sich alle einig, die sie als junges Mädchen kannten, von den Bittehnern dieser Generation diejenige gewesen, die am meisten fortwollte, in die Stadt, auch Amerika hätte man ihr durchaus zugetraut. «Das war eine Wilde», heißt es von ihr.

In gewisser Weise ist sie nun in die weite Welt hinausgetreten, ihre Lebensgeschichte wandert, die «Paradiesstraße» verbreitet sich Jahr um Jahr immer weiter. Längst sind Lenas Verehrer nicht mehr nur in ostpreußischen Kreisen zu finden, sondern fast überall. In Hunderten von Volkshochschulen und Buchhandlungen habe ich den Memelfluss auf eine Tafel oder in die Luft gezeichnet. An Universitäten, in Schulen und Krankenhäusern, bei Landfrauen, im Kloster, im Gefängnis habe ich gelesen, auf einer Tagung von Pflanzengenetikern, in Rotary Clubs und Banken, vielerorts in Europa, sogar in der Metropole, von der Lena träumte, in Paris. Schwer zu sagen, was diese äußerst heterogene Leserschaft fasziniert. Vielleicht ist es vor allem die persönliche

Autonomie der Bäuerin, die Menschen im «freien Westen» bewundern? Diese Frau, Opfer zweier Diktaturen, die jahrzehntelang arm und ohnmächtig war, hat einen Eigensinn bewiesen, der seinesgleichen sucht.

Man besucht sie, ihr Grab auf dem Rombinus ist heute für Litauenreisende eine Art Pilgerstätte. Beim Stiefmütterchen pflanzen mit Birutė fand ich neulich zu Füßen ihres Grabsteins zwei Briefchen: «Liebe Lena! Anhand des Buches suche ich die Orte auf, an denen Du lebtest. Du hast es großartig gemacht. Vielleicht kannst Du von oben ein bisschen lenken, was mit mir passieren wird. Vielen Dank! Renée». – «Liebe Lena Grigoleit, kannst Du vom Himmel aus auf meine Familie ein Auge haben? Vor allem, dass alle gesund bleiben. Und ich wünsche mir, dass ich ganz lange singen kann. Vielleicht kann so ein freier und wunderbarer Mensch wie Du das schaffen. Deine Dominique». Sie waren mit dem Fahrrad an der Memel unterwegs, zwei junge Sängerinnen aus Ludwigshafen.

Bittehnen heute

Nach Lena Grigoleits Tod würde die «Paradiesstraße» nur noch in Erzählungen weiterleben, dachte ich, und so klangen damals auch die Briefe von Birutė und Irena, die mich erreichten. Merkwürdigerweise spielte das darin Mitgeteilte immer noch vorwiegend in Bittehnen, obwohl niemand von der Familie dort seinen Wohnsitz hatte. «Muttis Blumengarten gesäubert», las ich. Ein Schwein wurde geschlachtet, «das erste Mal ohne Muttis Angaben». Einige der acht Bienenvölker waren erfroren, ein anderes Mal hatten sich Wildschweine erdreistet, den Gartenzaun umzuwerfen. Jeder Geburtstag, jeder Feiertag wurde anscheinend in Bittehnen begangen. «Wir machen alles, um Bittehnen zu halten», teilte mir Irena im Frühsommer 1996 mit, und wenig später: «Mindaugas hat sich entschieden, Bittehnen zu übernehmen. Ob er das zwingt, ist die Frage.»

Mindaugas hatte gerade seine Jugendfreundin Enida geheiratet. Vielleicht wollte der junge Ehemann der Liebsten seinen bisherigen Job, die abenteuerlichen Touren mit Gebrauchtwagen quer durch Polen, die er seit Jahren mit dem älteren Bruder unternahm, den Gefahren des Transitverkehrs und der westöstlichen Mafia ausgesetzt, die Nächte in Spelunken oder unter freiem Himmel, nicht länger zumuten. Vielleicht wussten die beiden mit ihren 22 Jahren einfach nicht, wohin. Auf jeden Fall war es der Entschluss eines Paares – Mann *und* Frau, die Grundvoraussetzung einer Bauernwirtschaft, und ihre erlernten Berufe, Buchhalter und Hauswirtschafterin, waren für das Vorhaben bestimmt von Nutzen.

Nach dem Zusammenbruch der Kollektivwirtschaft lag das Land in und um Bitėnai zu 90 Prozent brach, Zufahrtswege zu Feldern und Wiesen waren verschlammt oder wegen tiefer Löcher unpassierbar. Im ersten Jahr schafften es die jungen Leute gerade, drei Hektar mit Kartoffeln und Futterpflanzen zu bestücken, eine Kuh und zwei Kälber zu versorgen. Im Dorf waren noch 46 Menschen geblieben, Tendenz weiter fallend. Jeder wirtschaftete, so gut es ging, für den Eigenbedarf, kaum jemand hatte Maschinen. Oft fiel der Strom aus, auf das klapprige Telefon im Haus der Lehrerin, das einzige weit und breit, war kein Verlass. Wo und wie anfangen, wenn es an allem fehlt, auch und ganz wesentlich an Erfahrung? Ferienzeiten bei Großmutter Lena, ein landwirtschaftliches Praktikum in Deutschland, nicht gerade viel für einen Bauern in Mindaugas' Lage. Die ältere Generation half tatkräftig, und sie bemühte sich, zumindest den Anschein zu erwecken, als glaubte sie an die Zukunft. «Wir sehen immer deutlicher, was die vergangene Zeit mit uns gemacht hat», schrieb Irena. «Steigt man überhaupt je aus dem Dreck heraus?» Wie viele ihrer Landsleute fühlte sie sich, nachdem der Kampf um Litauens Unabhängigkeit gewonnen war, nicht wirklich frei, eher traurig und müde. Wie ein Vogel nach langer Gefangenschaft, der keine Kraft mehr hat, die Freiheit anzunehmen. Beinahe ihr ganzes Leben war sie ein Sowjetmensch gewesen, das bleibt nicht in den Kleidern stecken. An helleren Tagen, besonders wenn die Familie zusammen war, schien es, als wäre die Vergangenheit auch ein Lehrstück der Hoffnung. Zweimal hatten sie Bittehnen schon gehalten, nach der Flucht 1945 hatten sie das Haus zurückerobert, nach der Rückkehr aus Sibirien, 1956, wieder. Heute war der Feind anonym, und er war, obwohl keine physische Gewalt im Spiel war, eher noch mächtiger. Im freien Europa, das wusste hier jeder, sterben die Bauern. Jetzt kapitulieren? «Mutti fehlt», sagten Irena und Birutė fast täglich, Lena war kämpferischer veranlagt. Hätte diese nicht in jenem Frühling 1992 so resolut die bäuerliche Tradition der Familie wieder aufgenommen, der Hof wäre längst verloren.

Bei meinem Besuch in Bitėnai 1997 war ich überrascht: Es gab endlich fließend Wasser, Mindaugas und Enida hatten eine Hälfte des Wohnhauses völlig modernisiert. Bevor sie Geld in die Landwirtschaft steckten, hatten sie sich selbst allerhand gegönnt, Einbauküche, Haushaltsmaschinen, Geschirr und Tischwäsche. Um dies zu finanzieren, war der junge Bauer vorübergehend wieder ins Nomadenleben des Autohandels übergewechselt, diese Übergangszeit war voller Paradoxe. Wendig musste man sein, etwas wagen. Hier an der Grenze gab es besondere Möglichkeiten, zum Beispiel hatte Mindaugas die Idee, litauische Hühnereier ins Kaliningrader Gebiet zu exportieren, ausbrüten zu lassen und die Küken, die drüben dreimal so viel kosteten, vor Ort zu verkaufen. Über Brutmaschinen wusste er bereits jedes Detail, die Logistik stand, zwanzigtausend Federtiere hätten, bei einer Gewinnspanne von 300 Prozent in nur dreißig Tagen, den Kapitalbedarf des Hofes erst mal decken können. Im letzten Moment scheiterte der Plan, weil er auf russischer Seite der Memel keinen hinreichend zuverlässigen Partner fand.

Und weiter? Eine Zeitlang verlor ich Bittehnen fast aus den Augen. Die Welt an der Memel, las ich aus den Briefen heraus, die immer seltener wurden, wurde meiner am Rhein immer ähnlicher. Die Jahrtausendwende kam, und der Grigogleit'sche Hof war immer noch da, die EU in Sichtweite. Das Wichtigste im Jahr 2000 war Eva, das erste Kind in der «Paradiesstraße». Wenig später wurde in Babtai, einem Städtchen bei Kaunas, Ieva, die Tochter von Žilwinas und seiner Frau Rasa geboren, dann deren Sohn Rokas, und 2004, wieder in Bitėnai, Kostas. Eine neue Generation war auf den Plan getreten, «Bittehnen halten». Plötzlich klang die trotzige Parole optimistisch.

Mindaugas und Enida hatten sich auf die neue Situation, die die EU bringen würde, gut vorbereitet. Durch Landkäufe hatten sie eine Betriebsgröße von 100 Hektar erreicht, zum Hof gehört jetzt unter anderem die ganze «Paradiesstraße», das Land von Lenas früheren Nachbarn Kellotat und Ballnus. Maschinenkauf, Bankkredite, Subventionen – Neuland für die Kinder der Sowjetunion, Schulden machen, ein bislang unbekannter Albtraum, Mindaugas beschloss, auf seine Lehre ein Fernstudium der Buchhaltung draufzusatteln. «Ein Bauer muss durch tausend Türen gehen», sagt er, das sei heutzutage das größte Problem. Das zweite die Erzeugerpreise, «die niedrigsten in ganz Europa». Und drittens der

Arbeitskräftemangel, landwirtschaftliche Helfer sind praktisch nicht zu kriegen. Den Bauern macht der große Exodus ins Ausland zu schaffen, eine halbe Million Litauer arbeiten in britischen Fast-Food-Ketten, auf Baustellen in Irland, in skandinavischen Haushalten. Hier an der Grenze, das kommt hinzu, lebt «der halbe Landkreis vom Schmuggel», ein paar Stunden Schmiere stehen bringt mehr ein als Kühe melken oder Heu ernten. Für die Landarbeit findet ein Bauer nur Säufer – eine Zitterpartie jeden Tag, kommt er, kommt er nicht, wird er wieder den Traktor vor den Baum setzen.

Morgens um neun, wenn das Melken und Stallausmisten getan ist, teilt Enida den beiden Landarbeitern den ersten Schnaps zu, ein großes Glas voll. Ruhig und selbstverständlich, wie sie alles tut, dann sitzt sie ein bisschen mit Kostas und ihrer Mutter am Frühstückstisch. In diesem Frühjahr 2007 bin auch ich dabei, meine Besuche sind wieder häufiger geworden, ich bin Teil des Alltags wie früher, zu Lenas Zeiten. Es geht voran mit der Landwirtschaft. Im alten Grigoleit'schen Stall – vor drei Jahren durch Blitzschlag fast zerstört und wiederaufgebaut – stehen 30 Kühe, ein zusätzlicher Kuhstall ist im Bau. Jetzt ist die Saison der Kälber, jede Woche werden zwei, drei geboren. Sie bekommen den in Europa üblichen gelben Clip ins Ohr, «Mädchen» werden als Milchkühe großgezogen, «Buben» gehen nach vier Wochen auf Transport, ein Großhändler verkauft sie nach Spanien. Vieles ist heute wie im Westen Europas, technische Standards, gewisse Moden. In den freien Minuten steckt man die Nase in Werbeprospekte, Enida in Gartenkataloge, Mindaugas und der kleine Kostas gucken die riesenhaften Landmaschinen an, die angeblich Väter wie Söhne glücklich machen.

Aber manches ist geblieben in Bittehnen, vor allem der familiäre Zusammenhalt. Enidas Familie ist dazugekommen, Geschwister, die meist nicht weit entfernt leben. Ihre Mutter Ella lebt mit im Haushalt, von allen «Mociute», Großmütterchen, genannt, eine warmherzige Frau; sie hat, obwohl ihr das Laufen schwerfällt, das Regiment in der Küche übernommen, gibt auf den quirligen Kostas acht. Eine halbe Memelländerin übrigens, auch von Enidas Seite sind einige Vorfahren Preußische Litauer gewesen, bis auf den heutigen Tag ist die Familie treu evangelisch. Dem Hof sind neue, angeheiratete Schicksale zugefallen, darunter weitere Tragödien der Sowjetzeit wie die des älteren Bruders von Enida, der 1986 nach Tschernobyl abkommandiert und davon todkrank wurde und der dann doch nicht an seiner Leukämie starb, vor drei Jahren wurde er bei einem Raubüberfall in der Nähe von Moskau erschlagen.

Die Äcker und Wiesen von Bitėnai sind heute fast vollständig bewirtschaftet, die Einwohnerzahl ist wieder leicht gestiegen, auf etwa 60 Menschen, die meisten sind Rentner oder – infolge von Alkohol – Invaliden. Immerhin sind in den letzten Jahren vier richtige Bauernhöfe entstanden. Das Haus von Martin Jankus wurde als Museum hergerichtet und zieht Gäste an, eine der Sehenswürdigkeiten des neuen «Rambynas-Nationalparks».

Man streitet im Dorf: Die Partei der Bauern, die dafür kämpft, dass auf den verwaisten deutschen Hofstellen gebaut werden darf, gegen die Tourismusbefürworter, sie wollen die von Krieg und Sowjetmacht verursachten Wüstungen auf Dauer der Natur überlassen. Mindaugas Karklelis, der größte Bauer, versucht zu vermitteln, in dem Wirrwarr der Möglichkeiten und Illusionen einen Weg zu finden. Kleine Erfolge sind zu verzeichnen wie kürzlich das Fernrohr, durch das Touristen Storchennester beobachten können. Für das Antragsverfahren bei einer EU-Behörde musste eine Art Gemeinderat gegründet werden. Selbst wenn die Störche in Bittehnen weniger werden, ein wichtiger Schritt für das Dorf, in dem es schon lange keine Gemeinschaft mehr gibt.

Mindaugas erzählt, er habe seit Jahren immer wieder denselben Traum: Dort, wo einmal der Hof von Ballnus stand und sich Wald ausgebreitet hat, seien Menschen. Was könnte das bedeuten? Er spricht es nicht aus. Vielleicht ein Phantomschmerz, das Gefühl eines Verlustes, das nun in die nächste Generation geht? Ein verführerischer Gedanke – wären die Deutschen noch da, könnte man die Schwierigkeiten von heute leichter meistern. Mindaugas mit seinen 32 Jahren, dem Hitzkopf, der viele Male verzweifelte und sich zusammen mit Enida wieder aufgerappelt hat, ist heute klar, dass seine Herkunft für ihn von Bedeutung ist. Etwas ganz Besonderes: Er ist der einzige Bauer weit und breit, der auf dem Hof seiner Vorfahren sitzt. «Ich bin ein Memelländer!», sagte er auf meine Frage, beinahe zornig darüber, ich könnte annehmen, er sei keiner.

In den Augen seiner Tante Birutė weiß er, weiß die junge Generation überhaupt davon viel zu wenig. Birutė verkörpert das Memelländische noch. Öfter als Irena, die es, obwohl längst im Rentenalter, nicht lassen kann, als Deutschlehrerin zu arbeiten, ist sie auf dem Hof anwesend. Unter anderem wegen der Bienenstöcke, sie führt die Zucht, die ihr Vater Konstantin nach der Rückkehr aus Sibirien aufgebaut hat, weiter, kämpft den Kampf der Imker gegen Varoamilbe und die Folgen allzu trockener Sommer – unter Gesichtspunkten heutiger Ökonomie blanker Unsinn. Birutės Honig steht für die Tradition, ein Gegenpol zur modernen Milchwirtschaft, welche der Familie die «Butter auf dem Brot» sichert.

Honig und Butter, beides wird gebraucht. Für die Zukunft können selbst die absurdesten Dinge nötig sein: zum Beispiel die «Paradiesstraße» harken. Der schöne, von den

Anrainern gepflegte Feldweg aus Lenas Jugend, in ihren alten Tagen «ein Pfad im Urwald», ist jetzt ins Maschinenzeitalter geraten, ein Wirtschaftsweg. Wann immer Mindaugas' Traktoren tiefe Furchen hineinfahren, verteilt Birutė wieder die Erde, vor Sonn- und Feiertagen muss alles geglättet sein. Eine Sisyphosarbeit, sie kann es einfach nicht lassen, mit Harke und Besen zu wirken. «Weiß der Kuckuck», sagt sie oft, ihr Kommentar zur heutigen Zeit, die so großartig und zielgerichtet daherkommt.

Sechsundneunzig Jahre wäre Lena Grigoleit jetzt, Ostern 2007. Sie hätte ihre Freude an diesem fast winterlichen Tag gehabt, an der vergrößerten Familie, vier Urenkeln, die in Enidas Blumenrabatten Ostereier suchen, nach deutschem Brauch. Und an dem evangelischen Gottesdienst in Willkischken: Dreißig Gläubige sitzen frierend in den Bänken und lauschen den Klängen der Glocke von der Höhe des wiederaufgebauten Turms. Sie eröffnet die Feier, ich höre sie zum allerersten Mal. Seit 1989 war ich nicht mehr hier, damals war die Kirche noch Getreidespeicher des Kolchos. Meine Blicke wandern an den Wänden des Kirchenschiffes entlang, an den zerbrochenen hölzernen Balustraden, den gotischen Lettern, Fragmente von Psalmen in deutscher Sprache, den Aposteln ohne Kopf, all den Wunden, die in Sowjetzeiten geschlagen wurden, und mir wird innerlich warm. Eva lehnt an meiner Schulter, ich warte auf die frohe Botschaft: «Christus ist auferstanden!»

Dank

Für ihr Vertrauen und ihre Gastfreundschaft danke ich Lena Grigoleits Töchtern Birutė Ramanauskienė und Irena Karklelienė und ihren Ehemännern Alfredo Ramanauskas und Stasys Karklelis, Lenas Enkeln Mindaugas Karklelis und Žilwinas Karklelis und ihren Ehefrauen Enida und Rasa.

Ich danke Stasys Tamkus (er ist 1998 im Altersheim gestorben).

Dankenswert und sehr wichtig waren die Gespräche über Lena mit dem Bittehner Günter Adomat und seiner Frau Erna, mit Lenas Freundinnen Hilda und Traute Dwilies und mit Jutta Gukelberger, die einen Großteil der Interviews transkribiert und mit klugen, humorvollen Kommentaren versehen hat. Gelernt habe ich aus den Lebenserinnerungen des Bittehners Karl-Heinz Jonuscheit, von Zita Vollmer, der litauischen Freundin, und von Arthur Hermann.

Charles Schüddekopf hat als Lektor meine Arbeit kritisch begleitet und die Form der Darstellung maßgeblich beeinflusst. Das neue Nachwort hat Uwe Naumann betreut.

Besonderer Dank gilt den Leserinnen und Lesern der «Paradiesstraße», die mir brieflich und telefonisch weitere Einblicke in die memelländische Welt vermittelt haben.

Ich danke Winfried Lachauer – von dem Lena Grigoleit sagte: «So einen, Ullachen, kannst du mit der Laterne suchen und findest ihn nicht.»

Bildrechte

Glossar

Namen und Begriffe

Ar – 100 Quadratmeter. 50 Ar durfte nach der Kollektivierung jede Familie privat bebauen.

Der «Baltische Weg» – Zusammenschluß der Volksfrontbewegungen von Estland, Lettland und Litauen 1988 zur friedlichen Wiederherstellung ihrer Unabhängigkeit. Die größte gemeinsame Aktion war eine Menschenkette von Tallinn nach Vilnius, am 23. August 1989, anläßlich des 50. Jahrestages des Hitler-Stalin-Paktes. Mehr als eine Million Menschen beteiligte sich daran.

Bermontininkai – Truppen des weißgardistischen Generals Bermondt-Awaloff, die ab Juni 1919 gegen die Bolschewiki eingesetzt wurden und mit Unterstützung deutscher Truppen Kurland und Nordlitauen besetzten. Da sie die neu entstandenen Staaten Lettland und Litauen nicht anerkennen wollten, lösten die Alliierten die Bermondt-Truppen bald auf. Teile von ihnen trieben sich lange Jahre noch in den Wäldern herum.

Boydak – ein vorwiegend auf der Memel eingesetzter Schiffstyp: ein ein- oder zweimastiger Lastsegler mit 100 bis 200 Tonnen Tragfähigkeit.

Buožė – litauisch für Kulak, das ist in der bolschewistischen Terminologie der «Dorfkapitalist». Während der Kollektivierung der dreißiger Jahre wurden in der Sowjetunion alle Bauern verfolgt, die etwas mehr besaßen als üblich. Ab 1947 wurden diese Zwangsmaßnahmen auch in Litauen durchgeführt.

Daubas – litauisch: schluchtenreicher Wald. Hier ist ein Hohlweg zwischen Ragnit und Obereisseln gemeint. Johannes Bobrowski hat ein Gedicht über ihn verfaßt.

Herdbuchvieh – vorherrschend in der Memelregion, kontrolliert von der «Herdbuchgesellschaft zur Verbesserung des in Ostpreußen gezüchteten schwarzbunten Holländerviehs». In das sogenannte «Herdbuch» wurden nur Tiere eingetragen, die eine Kommission für die Zucht geeignet befunden hatte.

Klumpen – ostpreußisch für Holzschuhe

Koddern – ostpreußisch für Lappen. Auch alte Kleider bezeichnete man als Koddern. Wem es «kodderig» ging, dem ging es schlecht.

Kujellis – ein litauisches Kartoffelgericht mit viel Fett und saurer Sahne.

Lit – die Kurzform für Litas, die Währung des selbständigen litauischen Staates der Zwischenkriegszeit und der heutigen Republik Litauen.

Mažoji Lietuva – die litauische Bezeichnung für «Klein-Litauen». Sie taucht zum ersten Mal im 16. Jahrhundert auf. Die litauische Geschichtsschreibung hat sie sich zu eigen gemacht, benutzt sie als Gegensatz zum sogenannten «Groß-Litauen», dem Kernland des Litauertums, das sich zur Nation entwickelte. In der deutschen Geschichtsschreibung sprach und spricht man dagegen von «Preußisch Litauen».

Memelgebiet – so nannten die Alliierten nach dem Ersten Weltkrieg den schmalen Streifen jenseits der Memel. Im Versailler Vertrag wurde er von Deutschland abgetrennt mit der Begründung, daß die Bevölkerung überwiegend litauischen Ursprungs sei. Eine kleine französische Truppe überwachte die Ausführungsbestimmungen. 1923 annektierte die junge litauische Republik das Memelgebiet. Hitler holte es im März 1939 «heim ins Reich». Nach dem Ende des Zweiten Weltkrieges wurde es Teil der litauischen Sowjetrepublik.

Natschalnik – auf russisch: Vorgesetzter. Da die leitenden

Posten in sowjetischer Zeit meistens mit Russen besetzt waren, benutzten die Litauer das russische Wort statt des litauischen «pirmeninkas».

Paninka – volkstümlich aus dem Polnischen: Liebchen

Pungel – ostpreußisch für Bündel

Roßgarten – ostpreußisch für Weide

Sajudis – litauisch «Bewegung». Name der 1988 ins Leben gerufenen Volksfront, die für die politische Souveränität und wirtschaftliche Autonomie Litauens eintrat.

stribas (Plural: stribai) – Angehöriger der «Volksmiliz», ursprünglicher Name eigentlich «Istrebitel» (Vernichter). Die «stribai» waren litauische oder russische demobilisierte Armeeangehörige, Partei- oder Komsomolvertreter, die von der Sowjetmacht in den Dörfern eingesetzt wurden, um «Volksfeinde» aufzuspüren, eine Art bewaffneter Sicherheitsdienst.

Szameitia – litauische Landschaft, die an das preußische Memelland angrenzt. Von hier wanderten vor allem im 18. und 19. Jahrhundert viele litauische Siedler ins Preußische ab. Von hier kamen noch zu Lena Grigoleits Jugendzeiten das Gesinde und die Saisonarbeiter.

talka – litauisch: unentgeltliche Gemeinschaftsarbeit. Bei Bedarf fragte man beim Nachbarn um Hilfe bei der Ernte oder beim Hausbau. Sie zu verweigern war ein schwerer Verstoß gegen die Gemeinschaft des Dorfes. Vor der Bauernbefreiung waren die «talkas» genauestens geregelt. Jede Jahreszeit hatte ihre festen Einsätze, und immer zogen diese ein Fest nach sich.

Tallymann – englische, in aller Welt gebräuchliche Bezeichnung für den Hafenkontrolleur, der die Stückzahlen der ein- und ausgehenden Frachtgüter überprüft.

Trakehner – ein Pferdetyp, der für Landwirtschaft, Militär und Sport entwickelt wurde, unter Anleitung des berühmten Gestüts Trakehnen (gegründet 1732). Trakehner wurden in ganz Ostpreußen gezüchtet.

«Waldbrüder» – so nannte man die etwa 30 000 Partisanen, die 1944–1952 gegen die Sowjetmacht in Litauen kämpften. Das befreite Litauen hat die Waldbrüder rehabilitiert und zu Nationalhelden erklärt. Das führte zum Protest Israels und jüdischer Organisationen, denn unter den Waldbrüdern waren nicht wenige, die mit den Nazis zusammengearbeitet und sich an der Ermordung der Juden beteiligt hatten.

«Wiedergeburt» – eines der Schlagworte der Befreiungsbewegungen in Litauen, dem Baltikum und in Rußland. Es meint die Wiederherstellung vorsowjetischer Verhältnisse, knüpft an ein nationales, religiöses und kulturelles Erbe an, das angeblich noch nicht völlig zerstört ist und folglich regenerierbar.

Personen

Johannes Bobrowski – geboren 1917 in Tilsit, gestorben 1965 in Ostberlin. Lyriker hauptsächlich, der nach dem Zweiten Weltkrieg den Deutschen ins Bewußtsein rufen wollte, wie sehr ihre Geschichte mit der der Ostvölker zusammenhängt. Viele seiner Gedichte besingen die Memelregion, ihre Landschaft und eigentümliche ethnische Mischung. Besonders aufschlußreich ist sein Roman «Litauische Claviere», der in Tilsit, Willkischken und Bittehnen spielt.

Algirdas Brazauskas – Vorsitzender der Kommunistischen Partei Litauens. Er schlug frühzeitig einen nationalen Kurs ein. Auf ihrem 20. Parteitag im Dezember 1989 erklärte die litauische KP ihre Selbständigkeit gegenüber Moskau und verzichtete auf ihre führende Rolle im Staat. Seit 1993 ist Brazauskas Präsident der Republik Litauen.

Martin Jankus – die Litauer nennen ihn Martynas Jankus. Geboren 1858 in Bittehnen, gestorben 1946 in Flensburg. Er war einer der führenden Köpfe Preußisch Litauens. Er war Verleger und Besitzer einer Druckerei zunächst in Tilsit, später in Bittehnen. In seinem Hause wurden litauische Schriften gedruckt, unter anderem die berühmte Zeitung «Aušra» (Morgenröte), die ins zaristische Litauen geschmuggelt wurden zur Unterstützung der dortigen Nationalbewegung.

Vytautas Landsbergis – Politiker des rechten Flügels der Volksfront «Sajudis». Am Tage der Unabhängigkeitserklärung vom 11. März 1990 wurde er vom Parlament zum ersten Staatspräsidenten der neuen litauischen Republik gewählt.

Wilhelm Storost-Vydunas – geboren 1886 in Jonaiten, Kreis Heydekrug, gestorben 1953 in Detmold. Ein preußischer Litauer, Experte der litauischen Sprache und Kultur, der hauptsächlich in Tilsit tätig war. Er wollte den Untergang der litauischen Ethnie in Ostpreußen aufhalten und die freundschaftlichen Verbindungen zwischen Deutschen und Litauern fördern. Seine Hauptwerke: «Litauen in Vergangenheit und Gegenwart» (1916), «Sieben Hundert Jahre deutsch-litauischer Beziehungen» (1932). Er resignierte schließlich, wandte sich der indischen Philosophie zu. Sein Künstlername «Vydunas» heißt «der ins Innere Gewandte».

Hermann Sudermann – geboren 1857 in Matzicken, Kreis Heydekrug, gestorben 1928 in Berlin. Erfolgreich um die Jahrhundertwende als Dramatiker und Epiker. Der Dichter wird zu den Naturalisten gezählt. Für die memelländische Region sind besonders seine «Litauischen Geschichten» interessant, darunter «Die Reise nach Tilsit» (verfilmt von Veit Harlan, mit Kristina Söderbaum in der Hauptrolle).

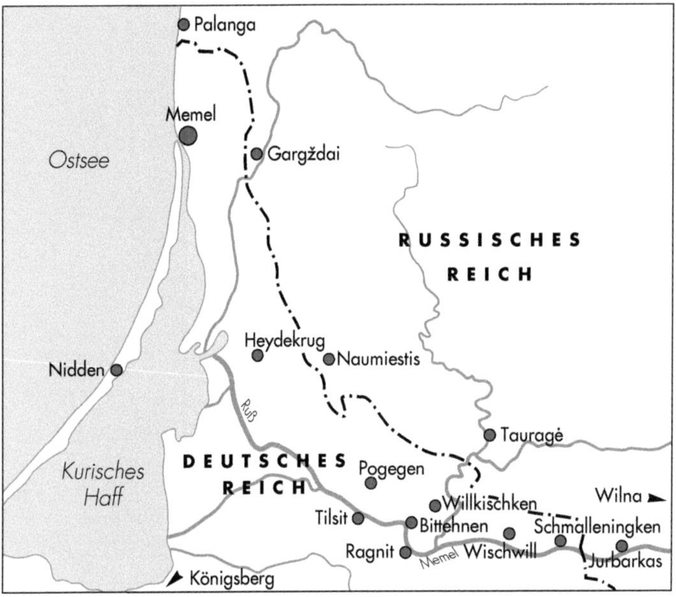
Palanga
Memel
Ostsee
Gargždai
RUSSISCHES REICH
Heydekrug
Nidden
Naumiestis
Ruß
Tauragė
Kurisches Haff
DEUTSCHES REICH
Pogegen
Willkischken
Wilna
Tilsit
Bittehnen
Schmalleningken
Ragnit
Memel
Wischwill
Jurbarkas
Königsberg

1914

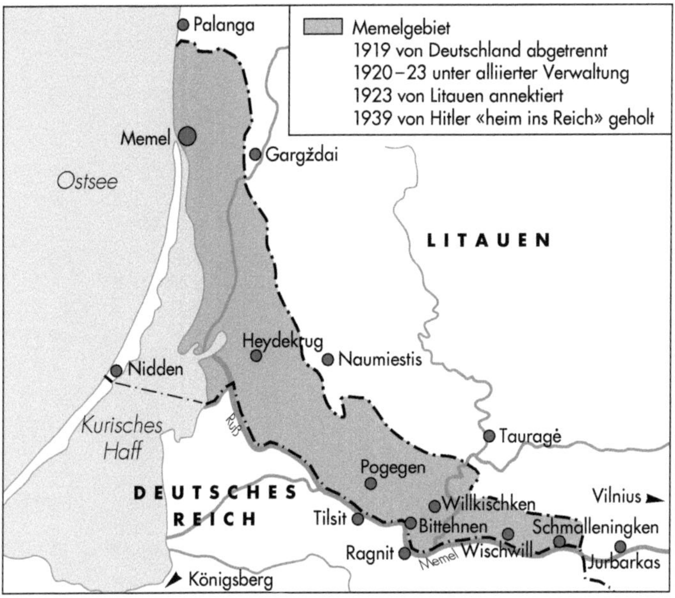
Memelgebiet
1919 von Deutschland abgetrennt
1920–23 unter alliierter Verwaltung
1923 von Litauen annektiert
1939 von Hitler «heim ins Reich» geholt
Palanga
Memel
Gargždai
Ostsee
LITAUEN
Heydekrug
Naumiestis
Nidden
Ruß
Kurisches Haff
Tauragė
Pogegen
DEUTSCHES REICH
Willkischken
Vilnius
Tilsit
Bittehnen
Schmalleningken
Ragnit
Memel
Wischwill
Jurbarkas
Königsberg

1919

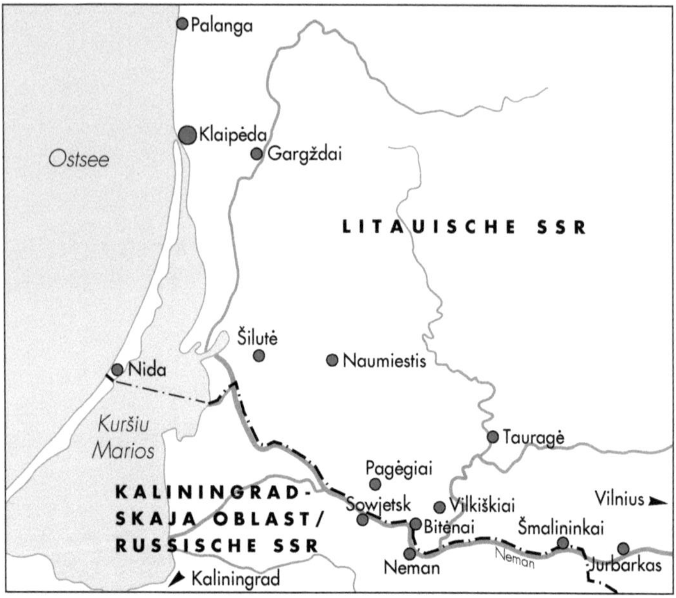
Palanga
Klaipėda
Gargždai
Ostsee
LITAUISCHE SSR
Šilutė
Naumiestis
Nida
Kuršiu Marios
Tauragė
Pagėgiai
KALININGRAD-
SKAJA OBLAST/
RUSSISCHE SSR
Sowjetsk
Vilkiškiai
Vilnius
Bitėnai
Šmalininkai
Neman
Neman
Jurbarkas
Kaliningrad

1945

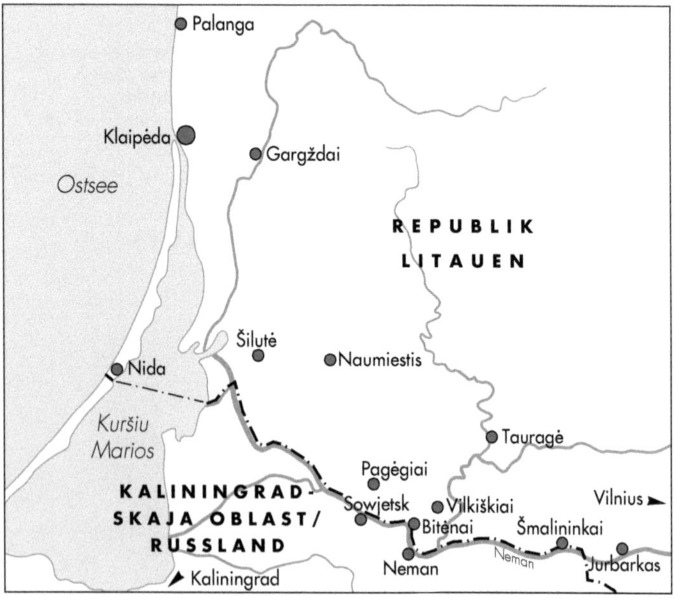
Palanga
Klaipėda
Gargždai
Ostsee
REPUBLIK
LITAUEN
Šilutė
Naumiestis
Nida
Kuršiu Marios
Tauragė
Pagėgiai
KALININGRAD-
SKAJA OBLAST/
RUSSLAND
Sowjetsk
Vilkiškiai
Vilnius
Bitėnai
Šmalininkai
Neman
Neman
Jurbarkas
Kaliningrad

heute

Aus dem Familienalbum

1. Lena Grigoleit, ihre Mutter Anna und ihr Bruder Arthur, dahinter eine Verwandte, 1920

2. Die Verlobten: Lena Grigoleit und Konstantin Kondratavičius, 1934

3. Nach der standesamtlichen Hochzeit, 1934: das Brautpaar Lena und Konstantin, rechts davon Anna Grigoleit und Martin Jankus, links Jurgis Grigoleit und Vilius Klimkaitis

4. Lena und ihre Mutter Anna, 1947

5. Lena, ihre Mutter, ihre Tochter Birutė, ihr Mann Konstantin, 1948

6. Birutė, Lenas ältere Tochter, 1949

7. Irena, die jüngere Tochter, 1948

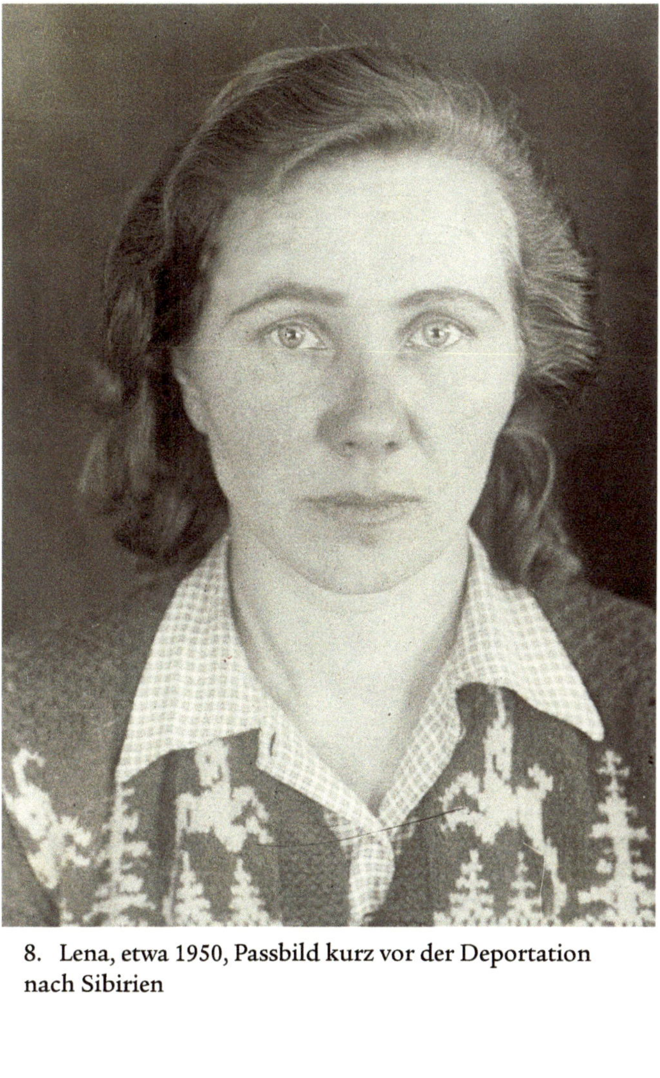

8. Lena, etwa 1950, Passbild kurz vor der Deportation nach Sibirien

9. Semlanka in Sibirien, 1952; am linken Rand Lena, in der Mitte Maria Koppermann, eine Freundin der Familie

10. Birutė und Irena in Sibirien, 1954

11. Wieder Zuhause, 1958 im Garten in Bitėnai: Lena und ihre Mutter, dahinter Birutė

12. Lena und Birutė, 1962

13. Konstantin Kondratavičius, etwa 1962

14. Konstantin Kondratavičius im Garten

15. Lena und ihr Mann Konstantin, 1977 – im letzten Winter vor seinem Tod

16. Lena Grigoleit mit ihren Enkeln Mindaugas (vorn) und Žilwinas

Frühling 1992, als das Buch entstand

17. Lena Grigoleits Elternhaus

18. Lena in ihrer Küche, rechts «Ded»

19. Porträt vor ihrer alten Schule

20. Ihr Lieblingsplatz an der Memel

21. «Die Rose»

22. Mit dem geliehenen Pferd

23. Lenas Töchter, Irena Karklelienė und Birutė Ramanauskienė, vor der Sommerküche

24. «Ded», Stasys Tamkus

Die «Paradiesstraße» heute

25. Das modernisierte Grigoleitsche Wohnhaus, vorn der dreijährige Kostas

26. Bauernfamilie Karkleliai, Mindaugas und Enida, ihre Kinder Eva und Kostas

27. Lena Grigoleits älteste Urenkelin Eva an der Memel

28. Lenas Urenkel Eva, Ieva und Rokas, im Hintergrund Bittehnens alte Volksschule